明室
Lucida

照 亮 阅 读 的 人

# How to Read Foucault

# 如何阅读福柯

[芬] 约翰娜·奥克萨拉 著　　王佳鹏 译

北京联合出版公司
Beijing United Publishing Co.,Ltd.

献给希德

丛书主编寄语

# 该如何阅读“如何阅读”？

本系列丛书的策划基于一个非常简单但新颖的想 ix
法。大多数为入门者提供的关于伟大思想家和作家的导读性作品，要么只是讲述这些人从出生到死亡的生平传记，要么就是关于其主要著作的简介合集，或者二者兼而有之。“如何阅读”系列丛书的做法则恰恰相反；这套丛书会以专家指导的方式，带着读者去直面作品本身。这套丛书的出发点在于，为了接近一位作家的思想，读者必须接近他们使用的文字，并且被告知将如何读懂这些文字。

在某种程度上，该丛书中的每一本都是阅读上的一堂专家评讲课。每位作者都从作家的作品中精心挑选了十段左右的摘录，并以详尽的方式进行研习。丛书作者以这种方式来展现作家们的中心思想，也以此打开了进入其思想世界的大门。这些摘录有时会以时间顺序编排，让读者依照时间脉络去了解思想家的思想发展历程；而作者有时也会打破这种编排方式。这套丛书不是对某位作家最为著名的段落、“最为成功的观点”进行简单的合编，而是提供了一系列线索或钥匙，使读者凭借它们便可以自己继续阅读和钻研，并拥有自己的发现。除去文本和阅读材料，每本书还会提供一张简短的年表，并推荐一些进阶阅读的书目和网络资源等。“如何阅读”系列丛书无意告诉读者有关弗洛伊德、尼采、达尔文，或是莎士比亚或萨德侯爵的一切，但一定会为读者的进一步探索提供最好的起点。

对于那些伟大的思想，它们早已为我们勾勒出了一大片智识、文化、宗教、政治和科学方面的图景，现在市面上已经有很多对它们进行研究的二手材料了。但“如何阅读”系列丛书却有着与它们不同的做法，该系列丛书提供一系列与这些伟大思想发生碰撞的新机遇。因此，我们希望这套书可以在指引读者的同时不失趣味，让大家在阅读时充满信心、欢欣鼓舞，同时还要享受阅读。

西蒙·克里奇利
纽约社会研究新学院

夏开伟　译

# 致 谢

xi 多谢西蒙·克里奇利和贝拉·尚德，不仅感谢他们鼓励我开展这一写作计划，为我提供撰写该书的机会，而且还要感谢他们在整个过程中提供的帮助。我跟很多朋友和同事讨论过我的计划，尤其要感谢马丁·萨尔和杰伊·伯恩斯坦所提供的建议和意见。多谢琼·诺德隆德、威廉·海德布雷德、朱莉娅·洪卡萨拉的出色编辑。我在纽约社会研究新学院讲授有关福柯的课程时，完成了该书打印稿。多谢我的学生们的那些激动人心的讨论，他们以其热情表明阅读福柯是多么令人兴奋。

# 目 录

导　言　001
第一章　哲学的自由　009
第二章　理性与疯癫　023
第三章　人的死亡　037
第四章　文学的无名性　053
第五章　从考古学到谱系学　067
第六章　监狱　081
第七章　被压抑的性态　093
第八章　一种真正的性　105
第九章　政治权力、合理性和批判　117
第十章　自我实践　133

注　释　149
年　表　153
进阶阅读建议　161
索　引　171

# 导 言

米歇尔·福柯是一位具有异常禀赋的哲学家、政治 1
活动家、社会理论家、文化批评家、富有创造性的历史
学家、法国最负盛名的学术机构的教授、世界知名学者，
他不可逆转地形塑了如今我们思考的方式。他的批判性
研究持续启发着诸多学者、艺术家和政治活动家去寻找
前所未有的路径，以建构新的思考方式，摧毁各种旧的
确定性——或者，如它们经常表明的那样，是令人舒适
的幻觉（comforting illusions）。

福柯将其著作视为某种工具箱，读者可以从中翻找出自己需要的用于思考和行动的工具。然而，运用这些工具包含着一些困难的解释问题，因为对某个工具的使

用经常受到脉络的决定，并最终受制于我们的工作目标。一块石头可以被同样有效地用于锤打事物和砸碎窗户。如果我们决心质疑根深蒂固的社会秩序，放弃所有坚定不移的真理，同时坚持对自由的某种脆弱承诺（fragile commitment to freedom），将更有助于贴近福柯的意图。

围绕福柯的著作不断引发争议，部分原因是它可以以多种不同的方式被人们所使用。其独创性和吸引力在于它的多面性。它提供的并非一种单一的理论或学说，而是某种变化多样的思想体系，该体系包含着对一系列特定问题的各种不同分析。在阅读他的著作时，对其工具箱进行富有想象力的、新的运用是我们的基本目标。

2 然而，在其多面性的著作集中，我们仍然可能找到一条统一的线索，而不必将其简化为某种单一的理论或方法论。自由是贯穿福柯整个哲学生涯的一个指导性问题。他的研究领域是各种社会实践：他的整个思想可以被描绘为对实践的不同层面的研究。其思想的方法论特征，也即他对历史编纂学（historiography）作为一种哲学方法的创新性运用，还赋予他的著作某种统一性和高度原创性。福柯是一位运用历史来理解当代社会，以便朝着更大的自由的方向改造社会的哲学家。

福柯与雅克·德里达、吉尔·德勒兹和朱莉娅·克里斯蒂娃等有影响力的思想家通常被划分为后结构主义者，尽管他拒绝这个标签，并声明他甚至都不理解它的含义是什么。然而，他属于在存在主义衰竭后于 20 世纪 60 年代声名鹊起的那一代法国思想家。存在主义及其最为著名的代表人物——让–保罗·萨特、莫里斯·梅洛–庞蒂和西蒙娜·德·波伏娃，提倡哲学主要是研究人类存在（human being）：他或她的本性，人之存在的意义，以及人的可能性所受到的限制。另一方面，后结构主义的特征则是反对将人类存在作为哲学分析的优先对象，相反，应该聚焦于思想中社会的、语言的和无意识的决定因素。尽管直到 20 世纪 60 年代，萨特都是无可匹敌的法国哲学之王，但在随后的数十年中，福柯和德里达取代了他的位置。

后结构主义者将存在主义的衰竭视为某种哲学探究的危机，更一般地说，是其传统方法的危机。自从笛卡尔及他著名的我思论——“我思故我在”以来，思考的主体就一直是哲学知识的基础。鉴于存在主义未能考虑

到语言建构现实的方式，后结构主义认为以主体为中心
3 的哲学业已走向末路。为了复兴哲学，亟须全新的路径。
在德里达发展出以对哲学著述的文本批评为中心的解构
主义的同时，福柯转向了历史。

他将哲学和史学以某种新的方式结合在了一起，从而导致了对现代性的某种令人惊骇的批判。他将其著述视为“当下史”（histories of the present），试图描绘出现代文化中的某些关键实践的历史发展和概念基础——比如惩罚和处置被视为疯癫之人的那些实践措施。他的研究除了展现这些实践在历史上的偶发性和偶然性，还导致了某种深深的疏离：读者将他/她以前视为理所当然的所属文化的某些层面，突然视为古怪的和偶发的，但同时也明显是难以忍受的、亟须改变的。

福柯的研究通常被划分为三个不同的阶段。第一阶段，他将其历史研究称为考古学，主要是在20世纪60年代：这一时期的主要著作包括《疯癫史》（1961）、《临床医学的诞生》（1963）、《事物的秩序》（1966）和《知识考古学》（1969）。70年代则是其谱系学阶段——谱系学是福柯喜欢用来表示其权力研究的术语，包括其

最被广泛阅读的著作《规训与惩罚》(1975)和《性史(第一卷)》(1976)。最后，20世纪80年代是其伦理学阶段，他这时转向了古代伦理学，撰写了《性史》的最后两卷《快感的享用》(1984)和《自我的关照》(1984)。这样的三分法无疑有助于初学者掌握福柯的全部著述，但非常重要的是，我们应该将其视为某种解释的或教学的模式，而不能将其视为某种严格的区分。三个阶段并不意味着三种不同的方法或研究目标。相反，进入某种“新”阶段的目的，是通过引入一种新的分析轴线来获得一个更为广阔的视野。

福柯的思想不仅激发了专业学者之间关于阅读和
解释其作品的不同方式的热烈争论，而且还在更为广泛 4
的层面上引发了诸多文化争论。他的关于生产性权力(productive power)的思想——权力生产和激发而非压制和审查各种形式的经验与知识——为人们挑战关于性态(sexuality)、性别(gender)、违法犯罪、精神疾病等议题的各种保守主义政治观点，提供了宝贵的工具。对于很多同性恋活动家和其他文化激进主义者而言，福柯的思想一直是他们的思想和政治灵感的重要来源。

撰述关于疯癫、性态、监狱等主题的批判性著作，可能足以在一个思想家周围创造出某种颠覆和争议的氛围。然而，激起了最猛烈风暴的或许是他的私生活：他是一位死于艾滋病的同性恋者，他体验过各种不同的药物和施虐受虐的性实践，他年轻时在精神病院待过一段时间，他喜欢开着捷豹汽车到处飞驰。有人认为，这些"自我毁灭性的极限体验"[1]，提供了回答如何阅读其著述这一问题的钥匙。然而，"阅读他的生活"的问题跟阅读他的著述并不相同，前者并未向我们提供任何确定性的文本。除了永远无法进入或解释的私人想法和经验之外，我们所拥有的一切不过是一系列无限多的转瞬即逝的事件、相互矛盾的记述和回忆。

我会在很大程度上尽量忽视我所知道的关于福柯的生活。这并非因为我认为它们是无关的或无趣的：如果我们以应有的注意力阅读他，那么，他的研究又如何吸收了他的生活就应该会变得显而易见。一个哲学家的生活存在于其著作的哲学气质（philosophical ethos）之中，对于我们这些跟福柯没有任何私交的人来说，这或许是发现它的唯一方式。关于著作与生活之间的联系，福柯

自己就曾注意到："一个人的私生活，他的性偏好，以及
他的著作（work）是相互交织的，这不是因为他的著作
是对其性生活的转译，而是因为他的著作不仅包含着文 5
本，还包含着他的整个生活。"[2]

犹如其生活一样，福柯的思想也难以被归类到某个单一主题之中。这不是因为他经常失败，因而不断改变其想法，而是因为他追索的问题永远都没有明确的和最终的答案。对他来说，哲学不是某种不断累积的知识体系，而是对当代社会中的各种教条式信念和难以容忍的做法进行无情审问的某种批判性实践。他邀请我们继续他的批判性实践：我们应该阅读他，原因不亚于为了改变世界。

# 第一章　哲学的自由

接受审判的不只是具有排斥性和谴责性的某种 7
总体性社会体制，而且是所有的挑衅——不管是有意的还是人格化的——正是因此，该体制才能运转并确保其秩序；也正是因此，它才制造出它要排除和谴责的东西，以便符合某种政策，不管是权力政策，还是警察治安和政治管理政策。总有特定数量的人直接地和个人地对该囚犯的死亡负责。[3]

——《监狱里的自杀》

关于一个知识分子的工作，我还想说的是，以某种特定方式来描述事物，使其呈现出可能不是这样的样子或跟其所是不同的样子，将是很有成效的。这就是对真实（the real）的命名或描述为何从来都不具有某种规范性价值的原因，“因为它是这样，那它就将是这样”。在我看来，这也是为何诉诸历史是有意义的……因为历史有助于呈现出事情并非总是如此；也即，对我们来说，看似最为不言而喻的事情，经常是在不稳定的、脆弱的历史过程中，在各种际遇（encounters）和机遇（chances）的交织中形成的。以什么理由认为它具有必然性，或者反过来说，何种形式的合理性被作为其必然的存在，可以通过其
8 历史而很好地展现出来；它得以从中形成的各种偶发性构成的网络也将得到追溯。然而，这并不是说，这些合理性形式是非理性的。这意味着，它们建立在人类实践和人类历史的基础上；由于这些事物已经被制造出来，那么，只有当我们知晓它们是如何被制造出来的，它们才能被复原（unmade）。[4]

——《批判理论 / 思想史》

第一段摘录自一本小册子，它由三个致力于法国

监狱改革的组织于 1973 年联合出版。这些组织非常关心自杀事件在监狱中的急剧增加，这本小册子就记录了 1972 年发生的 32 个自杀案例：其中，四分之一的自杀者都是移民，多数是 20 多岁。福柯是其中一个组织“GIP”——监狱信息小组（Prison Information Group）的创立成员，报告后面未署名的评论几乎可以肯定就是他撰写的[5]，其语调充满抗辩性和控诉性。这些不仅恰好发生在监狱中而且是由监狱体制所导致的自杀，特定的人应该对他们的死亡负有直接的和个人的责任。

第二段摘录自吉拉德·劳雷特于 1983 年对福柯进行的一次访谈。劳雷特问福柯的正是福柯本人多次提出的问题，也即对福柯来说是哲学的关键问题：当下（the present）的性质是什么？在对这一问题的回答中，福柯对哲学的理解是为自由的展开打开一片空间。知识分子的角色是揭示新的思考方式：使人们以某种不同的眼光来看待自己周围的世界，去扰乱他们的精神习惯，并邀请他们要求和发起变革。知识分子不是社会的道德良心，他的角色不是传递政治判断，而是通过使其他思考方式得以可能而使我们获得自由 / 解放（liberate）。

上述两段文字形成了鲜明的对比，说明了福柯的两
种角色之间的张力，他一方面是一名积极投入的活动家，
另一方面是一位冷静超脱的哲学家。在人们对他著作的
9 接受中，这一张力也得到了体现。有时一些批判性的观
点认为，福柯的政治行动主义（political activism）并未
建立在某种统一连贯的理论立场基础上，因此并未通过
其政治行动主义而形成真正有效的政治。相反，他的哲
学立场则被认为是非批判性的、政治上空洞的，因为它
尽量避免做出明确的政治判断。

然而，福柯的思想之所以对很多人来说具有原创性和吸引力，正是因为他对于哲学角色的新的构想方式及其与政治的关系。福柯不是一名普世的知识分子（universal intellectual），为他人代言，并以正义、自由等看似普世的价值的名义做出道德和政治判断，而是将自己视为一名特定的知识分子（specific intellectual）。这意味着他只是从自己在各种权力实践中的特定位置出发发表言论和参与政治斗争。另一方面，他的哲学研究不能做出特定的政治判断，只是为人们在他们自己的特定斗争中提供概念工具。对于作为政治行动家的福柯来

说，重要的是要求监狱状况的具体改善——比如，囚犯应该可以在自己的牢房中读书，监狱应该在冬天提供暖气。但对于作为哲学家的福柯来说，他想要探寻的是更为根本性的问题。我们的社会为何要通过将人囚禁来惩罚他们？这是惩罚他们的唯一方式吗？监狱是如何运作的？什么是违法犯罪？然而，这些问题跟政治判断和政治要求并非没有关系，而是必须作为它们的基础。

福柯的哲学，最重要的影响不在于他做出的明确判
断，而是他所采取的对我们自身文化进行分析的取向。
尽管科学和很多哲学的目的是从各种事件和经验的混乱
不堪中破译出必然的、可以被阐述为普遍规律的东西，
但福柯的思想与之完全相反。他试图通过仔细的哲学审
视，从必然性中探寻出某种偶发的、流变的和武断的东 10
西。对福柯来说，哲学的宗旨就是对我们思考、生活以
及与他人和与我们自己发生关联的方式进行质疑，以便
展现出可能采取的其他方式。

以这样的方式理解哲学，就打开了一块自由空间：它揭示了思考、感知和生活的各种新可能。通过展现出我们视为理所当然的、通常认为是必然的东西在事实上

是如何从由诸多偶发性人类实践所构成的某种网络（a network of contingent human practices）中浮现出来的，哲学不仅使思想实验和空洞推测得以可能，而且还促成了具体的变化：转变生活方式、权力关系和身份认同。福柯将我们的困境比作排队，因为我们看不到自己周围有很多空位（empty space）。他并未试图重组队列，使其形成更好地反映人类存在或现实的真正本质的某种不同型构（configuration），而是努力向我们展示我们周围的空位。

对我们当前实践之不可避免性进行质疑的一种有效方式，便是追溯其历史。历史可以告诉我们，我们现在视为不言而喻的很多事情，比如监狱，事实上是最近才浮现出来的，是各种偶发事件和条件的产物。从早期的《疯癫史》到最后出版的著作《性史》第二卷和第三卷，福柯的所有著作几乎都是历史研究。尽管很多人撰文讨论他是哲学家还是历史学家，但至少非常清楚的是，他的历史并不代表传统的历史编纂学。为了与之区分，他将其研究称为“考古学”和“谱系学”，并指出它们是某种哲学实践（philosophical exercise），而非历史学家

的工作。其目的是要使人们“明白，努力思考自己的历
史在多大程度上可使思想从沉思默想中解放出来，从而
使人们以不同方式进行思考”。[6] 比如，福柯的监狱史研
究著作《规训与惩罚》，不只是要理解监狱的历史发展，
而且要使我们的思想从“这种惩罚形式是不可避免的” 11
这一观念中得到解放，从而可能想象其他的方式。

于是，历史化本身并非目的，历史化的东西也并非无关紧要。福柯予以历史化的东西经常都是看似永恒的、不可避免的各种事实。他的目标对象是因揭示其历史性而受到影响的那些东西的意义和有效性。历史不仅有教育性和趣味性，其目的也不只是增强我们对过去的理解。关键是理解我们自己，以便能够以不同的方式思考和生活。历史研究在本质上是一种工具，可使我们改变自己以及所生活的世界。正如福柯在本章开头的摘录段落中所表明的，对他而言，历史充满了意义，因为它可以表明“事情并非总是如此”，以及“看似最为不言而喻的事情，经常是如何在不稳定的、脆弱的历史过程中，在各种际遇和机遇的交织中形成的”。这就是福柯不断将其著作概括为“当下史”的含义。他的历史不是关于过

去的，而是关于我们的，关于当前的；它们代表着某种尝试，不仅要表明我们是如何成为我们之所是的，而且要表明我们如何能够成为别样之所是。

福柯的历史研究针对的不只是事情的不可避免和永恒不变，而且更重要的是它们的自然性质。他的《疯癫史》和《性史》是试图实现去自然化（denaturalize）的里程碑著作：努力展示诸如疯癫、性态等现象是如何在人类历史与文化发展过程中被视为自然的、生物学的事实。在这个意义上，福柯显然是一位社会建构论者。社会建构论是指，认为人类存在及其经验是社会而非自然过程之结果的各种思考方式。在20世纪后半叶，这些理论极具影响，其影响力正在于努力动摇了各种思考方式的必然性和本质主义。它们通常假定，直到将某个事
12 物视为自然而然和理所当然之时，该事物才会得以被建构起来。主张某些事物是社会建构的——例如学习障碍、暴力行为、智商、性别或种族，其目的一般是为了表明，通过改变事物的社会与政治秩序，这些事物也可以得到改变。这被视为一个政治问题：其存在和价值是可以争论的，可以从根本上予以改变，或至少是可以修正的。

表明事物是社会建构的而不是生物学的，本身也是一种对人类行为的纯粹医学解释进行质疑的方式。一个很有说服力的例子便是同性恋。在《性史》中，福柯表明，将同性恋视为病态的科学解释是如何在19世纪浮现出来的。关于同性恋的医学取向，长期以来都在我们的文化中占据主导地位：比如，直到1974年，“同性恋”才被从美国精神医学学会的精神疾病范畴中删除。福柯坚持认为，“同性恋”不是指某种自然事物的名号。它是19世纪浮现出来的某种历史和文化的建构，是特定的科学话语和权力关系导致的。关于性态的社会建构论取向，对于改变人们对同性恋的思想观念具有重要意义，而福柯的《性史》被视为其中最为重要的著作之一。

福柯在很多地方都明确肯定了社会实践的基本性和构成性作用，并将它们选为其研究的固定对象。20世纪60年代，在他的考古学阶段，他主要关注的是科学的话语实践，以及其中的内在规律性。通过辨识出科学实践的规则和约束条件，他试图表明，诸如生物学、语言学及作为其对象的生命和语言等知识领域，是如何在思想史中浮现出来的。20世纪70年代，在他的谱系学阶段，福柯主要研究的是权力关系以及支撑它们的知识形式：
13 比如，犯罪精神病学的发展如何使医生对于违法犯罪者
的权力得以可能。在其思想的最后阶段，他研究了人们
如何能够通过伦理实践和锻炼来塑造自己，他称之为自
我技术（techniques of the self）。

尽管福柯的分析对象主要是社会实践，但他并不认为，一切都是按照工厂生产汽车的方式被社会建构起来的。说同性恋在特定的科学实践之前并不存在，以及是历史发展使其得以可能，不是说我们现在与之紧密相关的那些特定行动和感觉是不存在的：这意味着它们是作为科学分析的对象而形成的，在不同的历史实践中以不同方式被科学所对象化。比如说，有时候，特定行动和感觉被对象化为精神疾病，而在其他时候，它们又被视为一种致命的罪恶。科学实践和规范它们的各种规则，使某些实体仅仅在特定时间和特定条件下才可能成为科学研究的对象。

然而，特定的行动和感觉被科学所对象化的特定方式，会对该行动和感觉的主体造成巨大影响，从而也会对特定的行动和感觉产生巨大影响。比如，如果有人因

为对同性产生性欲而被视为精神病，那么，这种分类将不可避免地影响他们的行为方式和看待自己的方式。被医学专家告知自己的欲望是病态的，将是努力改变该欲望的强大动力。

人们经常发现，福柯将其分析对象限制在人的科学（human sciences）中，因为从关于人的科学中产生的对象和真理对于被研究的主体具有构成性影响。植物学家对植物进行分类的方式对植物“行为”不会产生影响，但是对于人类来说，随着科学家想出新的对象、分类和范畴，将会导致相应类型的人，以及相应类型的行动和感觉。划分人群的范畴是跟适合这些范畴的人群同时存在的。这两个过程之间是一种双向的、动态的互动关系。[7]

于是，各种实践就以复杂而缠绕的方式构成了社会 14
现实：它们既构成了知识的对象——比如同性恋，同时人们又根据这种知识而将特定行为和行动的人视为同性恋者。这种循环效应正是福柯认为权力关系和知识形式创造主体的含义所在。他试图通过其历史研究，来理解和描述不同主体被建构出来的过程：比如，“违法犯罪者”

或“同性恋者”的身份是如何作为自然的、科学的分类而浮现出来的。

对于主体的这种取向等于是对“主体哲学”（philosophies of the subject）的某种批判，在20世纪60年代的法国知识分子圈子中，这意味着对现象学和存在主义的明确攻击。主体的优先性在康德的激进思想中得到了有力的表达，他认为关于世界的所有知识都必须符合人类的认知能力。要理解现实的最终结构，我们不能进入和研究世界本身，而只能借助于人类感知世界的方式。这一思想在现象学家中得到了进一步发展——德国的胡塞尔、海德格尔以及他们在法国的追随者萨特和梅洛–庞蒂。现象学的核心观点是，所有哲学探究以及所有科学理论的出发点都是主体的第一人称的、鲜活的体验。哲学的各种抽象理论和客观结构是以某种更为根本的层面为基础的，只有这一层面才能使它们得以可能，这一层面便是主体对于现实的第一人称的体验。

通过聚焦于各种实践，福柯要挑战的正是这种“主体哲学”。他感兴趣的是根本性的但是随着历史而变化的各种实践、范畴、概念和思想结构，人们正是按照它

们来以特定方式进行思考、感知和行动的；他认为，仅
仅分析它们使其得以可能的个体体验，是不能揭示出这
些体验的历史条件的。比如，我们不能仅仅通过分析被 15
标识为同性恋者的那些人的第一人称体验，来理解同性
恋。相反，我们必须研究在该社会中发挥作用的恐同的
权力关系，围绕它而传播的特定文化观点和科学理论，
以及惩罚和治疗的各种具体实践。所有这些不同轴心，
都构成了一个同性恋者的主观体验，但它们本身都不能
以任何透明的方式被揭示出来。

因此，福柯的考古学和谱系学显然是要重新思考主体问题。主体不是某种自主的、透明的知识来源，而是在由各种社会实践构成的网络中被建构的，而社会实践经常包含着权力关系和社会排斥。福柯将他的研究概括为关于现代主体的谱系学：一种关于人们如何被建构为不同类型的主体的历史——比如作为违法犯罪者、同性恋者、精神病患者，或者通过这种排斥，而被建构为正常的、健康的人。这样一种历史在根本上与政治斗争有关：当各种压迫性和侮辱性的身份认同被揭露为社会建构的而非自然事实的表达时，就有可能对其提出异议，

并最终改变它们。换句话说，“由于这些事物已经被制造出来，那么，只有当我们知晓它们是如何被制造出来的，它们才能被复原出来”。

# 第二章　理性与疯癫

在文艺复兴时期的想象性图景中出现了一种新 16
事物，不久，它就占据了特权位置：这就是愚人船（Narrenschiff），一艘奇怪的醉舟（drunken boat），沿着莱茵河宽阔而缓慢的水流蜿蜒而下，绕过了佛兰德斯运河（the canals of Flanders）。

愚人船显然是一种文学发明，它可能借自古老的亚尔古英雄传奇。该传奇故事最近在神话主题中被赋予了新的活力，现在至少在勃艮第地区具有某种制度性功能。这种船在文学中司空见惯，一群想象性的英雄、道德楷模或精心界定的社会典范，开始了伟大的象征之旅。这些旅行带给他们的，即使不是好运，至少也是成了其命运或真理的化身……

但是，在所有这些讽刺性和虚构性的航船中，只有愚人船是一种真正的存在，因为它们确实存在过，这些航船载着神经错乱的乘客从一个城镇漂流到另一个城镇。很多疯子便经常过着一种四处漂泊的生活。城镇经常将他们驱逐出去，让他们在遥远的乡村野外流浪，或者将他们委托给商旅或朝圣者照顾。这一习俗在德国最为常见。在 14 世纪上半叶
17 的纽伦堡，登记在册的有 62 名疯子，被驱逐出去的有 31 名。在随后的 50 年中，又有 21 人被驱逐离开，这还仅限于市政当局逮捕的疯子。他们经常被托付给船夫。在 1399 年的法兰克福，每个船夫被赋予的任务是带走一个城市中赤身裸体游荡的疯子；在 15 世纪初叶，一个犯罪的疯子就是以这样的方式被驱逐出美因茨的。有时候，船夫刚刚做出承诺，就将这些麻烦的乘客送回了岸上：法兰克福的一位铁匠以这种方式被驱逐了两次，最终被护送到了克罗兹纳赫。这些愚人船到达欧洲大城市，一定成了相当常见的景观……

疯子被困在无法逃遁的航船上，被交付给了千支百汊的河流、航线交织的大海，以及茫然不定的一切。站在最为开阔的道路上，身处终极自由中的囚徒，被牢牢地锁在有无数去向的十字路口。他是最典型的旅客，是旅途中的囚徒。不知道将在何处着陆，而当着陆时，他也不知道自己来自何处。他的真相和他的家园，在都不属于他的两个着陆点之间的不毛之地上。[8]

——《疯癫史》

福柯曾经指出，他的所有著作都源于自己的个人体
验，都与他的个人体验直接相关：“我没有一本著作未曾
（至少部分地）直接受到我个人体验的激发。”[9] 20 世纪
50 年代，尽管福柯在享有盛誉和竞争激烈的巴黎高师
学习的是哲学，但他还是系统地研究了心理学和精神病
学的历史。与该研究有关的是，他曾作为非正式的实习
生，在当时法国最大的精神病院之一圣安妮医院（Hôpital
Sainte-Anne）工作过两年多。这不仅使他有机会观察病 18
患，而且还可以观察医院工作人员处置病患的方式。后

来，福柯回忆道，观察处置精神病人的个人体验给他留下了深刻印象，而他对这种体验的回应采取了历史批判的形式（the form of historical criticism）。[10]

福柯早期出版的所有文本都以不同方式处理了精神病学和精神疾病。他最早的出版物包括为德国精神病学家路德维希·宾斯万格的文章《梦与存在》(1954) 以及专著《精神疾病与心理学》(1954) 法文版撰写的长篇导言。然而，正是在《疯癫史》中，他发展出了自己的独特取向。

在 20 世纪 50 年代的巴黎，存在主义现象学构成了当时每一位抱负远大的哲学家都无法超越的知识视野。在《疯癫史》之前，福柯出版的著作受到存在主义现象学的强烈影响，这是他的出发点。比如，他在第一版《精神疾病与心理学》中指出，为了理解精神疾病，我们必须考虑到病人的鲜活体验，我们需要"一种有关精神疾病的现象学"。但 1962 年的第二版经过了大量的重写，反映了福柯后来在 1961 年出版的《疯癫史》中提出的关于精神疾病的修正性观点：为了理解精神疾病，我们需要对疯癫的各种不同的文化体验进行某种历史研究。

在这几年间，福柯的思想发生了某种意义重大的转变，从对鲜活体验的关注转向了对其前提条件的更为广泛的历史和政治分析。《疯癫史》标志着他开始对理性、自主性、构成性的主体的哲学地位提出质疑。这也是他当下史研究的第一部著作。

愚人船已经成为该书的著名标志。这种在欧洲文艺复兴时期自由开放的河流中漂荡、携带着其“神经错乱的乘客”的强大意象，构成了提出禁闭疯子这一核心观 19
点的主要背景。福柯在该书中的历史性观点是，在 17 世纪的几年中，人们处置疯子的方式发生了突然的、巨大的变化。他们从被禁止进入城市并且能够过着相对自由存在的生活，到被禁闭在拘留所中。这种禁闭的规模是前所未有的：几个月内，只是在巴黎，每 100 名居民中就有不止一个被关进去。

这一历史事件以 1656 年巴黎国家医院的创办为标志，它是该书提出的更宏大的哲学主张的一个例证。福柯认为，在 17 世纪中叶，疯癫被概念化的方式经历了某种深刻的变化。对它的概念化日益脱离了本质上人之所以为人的东西，逐渐跟禁闭的需要联系在一起，这一观念在很大程度上仍然盛行于今，并被视为理所当然之事。

在文艺复兴时期，疯癫被视为日常生活中不可或缺的一部分。尽管疯子会被驱逐出城市，但人们并未试图将疯癫从人类存在和社会中彻底消除。疯子被排斥在外，但并未成为社会恐惧或迫害的对象。相反，人们承认，疯癫体现了关于人类境况的某种特殊智慧。福柯指的是塞万提斯和莎士比亚对待疯子角色的方式：他们的疯癫英雄以悲惨的声音表达了道德的良心、人的有限性和绝望的激情。(《疯癫史》，第 35—38 页 *)

在古典时期，大约对应于 17 世纪和 18 世纪，疯癫被封锁起来，并被移出了人们的视线。它在日常生活中的出现，仅仅是作为人类理性的对立面，仅仅存在于“幕后”(behind bars)。“当它显现出来时，往往要保持一种小心谨慎的距离，保持在某种理性的警惕性的目光下，该理性否认与它的任何亲近关系，不会因与之相似而感到任何威胁。”(《疯癫史》，第 145 页)疯癫不再被视为

* 该页码为英文版页码，图书版本信息请见后文注释部分。下同。——本书脚注皆为译者注

人类存在（existence）不可或缺的部分，不再是与理性进行对话的存有（being）：它被理性的和本质上是人性 20
的东西所排斥和反对。于是，疯子不但在身体上被禁闭在孤立的机构中、被排斥在社会之外，而且他们还在概念上被排斥在理性和人性的领域之外。

疯癫还逐渐被置于某种道德框架中来予以认识。它遭到了拒绝和谴责，因为它违背了古典时代的职业伦理。禁闭室囚禁的不只是疯子，而且还囚居着对我们来说在本质上似乎属于不同范畴的人：穷人、失业者、性侵犯者、犯有宗教亵渎罪之人、自由思想者。他们的共同点是懒惰，因而构成道德偏差。在古典经验中，他们的行为被概念化为对道德的违背，代表着理性的阴暗面。

疯癫史的下一个重大变化发生于 18 世纪末，其标志是精神病院的诞生。福柯质疑 20 世纪 60 年代精神病学史中盛行的观点，也即，诸如英国的塞缪尔·图克、法国的菲利普·皮内尔等伟大的启蒙运动改革者，鼓动人们采取更为人道的、启蒙的方式来对待疯子，因为他们最终认为疯癫是一种疾病而不是道德缺陷。按照传统的解释，他们通过将疯子与罪犯区分开来，通过辨认疯癫作为精神疾病的真正本性，从而“解放了”疯子。福柯认为，皮内尔和图克已经成为精神病学史上的传奇人物，他们的重要意义被毫无质疑地接受了；然而，在这些人道神话（humane myths）之下存在着一系列运作（operations），正是这些运作将精神病院的世界组织了起来，它们同样按照跟古典时期的恐惧、禁闭、道德谴责等一样的原则来采用各种治疗方法。

对身体的各种外部约束，比如铁链和铁棍，被针对
意识（mind）的更为微妙的惩罚机制所取代。这使禁闭
变得更为彻底：在古典时期，疯子仅仅被铁链锁起来，
21 至少他们的意识还是被自己自由支配的。而在新的模式
下，疯子是病人，他的任何思想和行动都被置于无所不
包的精神病学知识的权威之下。心理治疗、道德疗法、
宗教教育和劳动工作取代了暴力强制，并通过罪疚、良
知和自制来发挥作用。正如福柯所言，“疯癫不再是将
恐惧铭刻到人们的心灵中，也做不到了——它本身是令
人害怕的、无助的，是不可挽回的害怕，相对于理智、
真理和道德来说，完全是奴役”（《疯癫史》，第 483 页）。

皮内尔和图克所谓的更大的人性，实际上跟他们资

产阶级社会的道德价值紧密相关，对疯子的“解放”意味着将其囚禁在严格的道德准则之中。他们反对将疯癫视为对习俗界限的挑战和另一种人类存在方式的观念，在图克的精神病院中，病人不得不践行适合英式茶话会的社交礼仪：他们扮演宾客，工作人员则扮演主人。对福柯来说，这种闹剧例证了疯癫在资产阶级的道德世界中遭到的禁闭，是比锁链和监狱更为森严的禁闭。

关于如何对待精神疾病的这些历史主张，如果仅仅是对遥远往事的好奇，它们就不会具有福柯的当下史研究所具有的那种挑战性和爆破性优势。尽管福柯也研究对待疯子的各种历史实践——比如排斥、禁闭和治疗，但他通过这种研究想要描绘的是，针对疯癫的特定文化体验和态度是如何浮现的，它们中的某些基本要素又如何存续到我们的当前体验之中。他对我们自以为是的观念，也即将疯癫理解为精神疾病所展现出的必然真理和伟大人性，提出质疑。一方面，我们的精神病学实践是从禁闭实践中历史性地浮现的；另一方面，疯癫在过去存在着其他的可能形式：不是作为某种病态和科学探究 22
对象，而是跟艺术表现形式存在紧密关联，同时又是日常生活的组成部分。正如福柯对文艺复兴时期的讨论所说明的，疯癫曾经是人之所以为人所不可或缺的层面：它曾经存在于“人的心灵中和事物的核心处”(《疯癫史》，第 42 页)。

总结一下这本书的目的，《疯癫史》试图通过对疯癫的历史化而使其实现去自然化：疯癫应该被视为一种可变的社会建构，而不是一种无历史的科学界定。“疯癫仅仅存在于某个社会之中”，就是福柯在该书中对其主要观点的总结。“它并不存在于与之疏离的各种感觉形式（forms of sensibility）和排斥它或捕捉它的反感形式（the forms of repulsion）之外。”[11] 疯癫被理解成精神疾病是一种源于 19 世纪的、历史偶发的社会建构。

福柯的《疯癫史》曾经有两种不同的阅读方式。最初，它被视为法国科学史传统的纯粹学术研究。尽管有些专业的历史学家称赞其重要性，但它也由于历史事实的不准确而受到了严厉批评。有人认为福柯的分期存在很多错误：比如，历史证据表明，在文艺复兴时期，疯子就已经被禁闭起来。有些历史学家关注的是如下事实：疯癫被视为疾病的观念可以追溯到古代医学，而不是现代社会对疯癫的医学化所导致的结果。

另一种阅读方式关注的是该书更广泛的解释性观点
而不是历史细节。该书因其在广泛的社会运动领域中的
深远影响及其对于精神错乱在我们文化中的作用所进行
的讨论，而备受赞誉。福柯被公认为是从社会建构观念
看待精神错乱的先驱，同时也被视为新精神病学史的奠
基人。他将精神疾病视为某种社会建构的观点，在 20
世纪 60 年代浮现的另类精神病学运动（movement of
alternative psychiatry）中激起了强烈共鸣，该运动在根
本上挑战了当时的主流精神病学理论和实践。反精神病 23
学（antipsychiatry）很快就与 20 世纪 60 年代和 70 年
代初期盛行的旨在反对压迫性机构之权力（the power of
oppressive institutions）的反文化运动联系在一起。这
是小说《飞越疯人院》最为畅销之时，福柯的观点显然
与当时公众对强制性药物治疗、脑叶切除和电击疗法的
关注产生了共鸣。

该书的叙述风格表明，福柯在写作时，心中想到的是更广泛的读者，而不只是专业的历史学家。尽管该书的历史细节惊人地丰富，但使用的并非历史编纂学的那

套枯燥、学术的语言。它读起来就像是文学作品。正如本章开头的摘录所表明的，该书充满了隐喻和抒情的暗示：千支百汊的河流、无人知晓之地、无拘无束的大海。有些批评福柯的人指出，错综复杂、富有诗意的语言就像是一层面纱，其目的在于迷惑读者，掩盖其历史缺陷，但我认为这种表达形式对福柯的核心目的起到了强化作用。如果福柯的历史研究的目的是要描述各种形式的体验，那么，同样重要的是，它们也应该能够唤起读者的某种体验。该书触及的不只是我们的理性思辨能力，而且是我们的想象能力和情感能力。它向我们传达了关于疯癫的某种东西——一种位于理性界限的另一面的体验，而这种东西在理性的哲学语言中是难以表达出来的。福柯坚持认为，相比撰写精神病学语言的历史（这是“理性关于疯癫的某种独白”），他更想“描绘出有关疯癫之沉默的考古学”（《疯癫史》，第 xxvii 页）。

为了回答如何撰写疯癫之沉默这一显而易见的难题，福柯转向了文学。他指出，使他感兴趣并引导他撰写该书的是文学作品中所描绘的特定疯癫痕迹（《言论
24 与写作》，第 196 页）。只有某种特定风格的文学写作才

能呈现出各种疯癫的痕迹，在读者心中唤起一种对理性的偶像化地位发起挑战的体验。在《疯癫史》中，福柯将荷尔德林、奈瓦尔、尼采和阿尔托等人视为能够在他们的写作中呈现出疯癫之沉默的作家的范例，但他在该书中并未详细探讨文学语言的本质。我们不得不等待他在随后几年中所发表的有关文学的系列随笔和论文。

在一次访谈中，福柯曾指出，尽管有很多真相之书（truth books）和展示之书（demonstration books），但他的书是体验之书（experience books）。他的意思是说，阅读体验可能会改变读者，使他难以“经常保持同一，或者与事物和他人具有相同的关系”（《福柯访谈》，第246页）。他意在使其著作能够推动某种转变，在某种程度上成为转变的推动者。其写作的目的是为了分享“有关我们是谁的体验，不仅关于我们的过去，而且关于我们的当下，一种关于我们的现代性的体验，由此我们将能从中实现转变”（《福柯访谈》，第242页）。在《疯癫史》中，他的最终目的是改变我们对于那些我们所认为的疯癫之人的感知方式，而这仅凭理性的论辩是难以做到的。

# 第三章　人的死亡

在对知识的认识型层面（或科学意识）和知识的考古学层面进行区分时，我感到我正在朝着困难重重的方向前进。我们能否谈论科学及其历史（以及它的存在条件、变化、所犯的错误、使其走向新道路的突然发展）而不涉及科学家本人（我说的不只是一个专有名词所代表的特定个体，而且还包括其著作及其特定的思考方式）？是否可以尝试一种有效的科学史，该历史可以从头到尾追溯一套匿名的知识体系的整个自发运动？用“众所周知……”取代“X认为……”是正当的吗？甚至是有用的吗？但是，这并不是我打算要做的事情。我并不想 25

否认思想传记的有效性，或各种理论、概念或主题具有某种历史的可能性。我只是猜想这样的描述本身是否已经足够，它们是否跟具有巨大密度的科学话语相匹配，在其习惯性界限之外，是否不存在着在科学史上具有某种决定性作用的各种规律性体系（systems of regularities）。我想要知道，对科学话语负责的主体，在身处其情境、发挥其功能、施展其
26 感知能力、采取其实践行动时，是否可以不被那些支配他们甚至完全压倒他们的条件所决定。总之，我不是从作为个体的言说者的角度，也不是从他们说话的形式结构的角度，而是从在这些话语的特定存在中发挥作用的各种规则的角度，来尝试探索科学话语：林奈、配第和阿尔诺要达到什么条件，不是使其话语具有一般意义的统合性和真实性，而是在撰写和接受其话语的时代，赋予其作为科学话语的价值和实践意义——或者，更准确地说，作为自然科学的、经济学的或语法学的话语？[12]

——《事物的秩序》

《事物的秩序》出版于 1966 年，是一本使福柯闻名遐迩的畅销书。第一次印刷，不到一周就销售一空。从很多方面看，这都是福柯最为苛求的著作，几乎不可理喻地充满了很多层次和细节，以及错综复杂的设计。它不但论及了笛卡尔、孔德、萨德等众多思想家的著作中存在的各种深刻的哲学论点，并且通过对模糊的文艺复兴时期的自然主义、19 世纪的语言学理论等不同话题提供新洞见而为科学史做出了贡献。这些有关哲学和科学史的博学而详细的论点，充满了对文学、绘画的优美描述和优雅讨论。

毫不奇怪的是，对该书存在很多不同的解释。有时它被视为建构某种结构主义历史编纂学的失败尝试，有时又被视为某种令人困惑不解的正式练习（formal exercise）。上述摘录的段落源自福柯四年后为英文版撰写的前言，可以将其视为福柯为了纠正各种误解所做出的不懈努力。他强烈反对对该书的结构主义解读，并将那些坚持给他贴上结构主义者标签的人视为“某些愚蠢至极的评论者”（《事物的秩序》，第 xiv 页）。结构主义 27
指的是 20 世纪 60 年代在法国盛行的一系列有影响力的

理论立场，其主要目的是根据潜在的无意识结构，解释社会与文化现象。它是非历史的，在这方面与福柯的取向截然相对。

然而，福柯在《事物的秩序》中所提出的主要观点是“结构性的”，因为它有关思想的无意识结构。他指出，秩序的某种层面，也即“知识的某种积极无意识”（a positive unconscious of knowledge），避开了科学家的意识，但构成了科学话语。这正是与本章开端的引文中所指出的跟知识的认识型层面相对的知识的考古学层面，它阐明了知识的组织原则，即赋予科学话语以秩序的无意识结构。尽管每个科学家都从未制定过这些原则，他们当时甚至都没有注意到这些原则，但是，知识的考古学层面仍然对适合于他们研究的对象进行了界定：它构成了形成概念和建构理论的必要条件。

比如，如果我们想要理解进化概念为何在几个世纪中都是不可能的，那么仅仅尝试理解达尔文的天才是不够的。我们必须理解构成其思考之脉络的潜在思想结构。福柯认为，只有在思想上发生了深刻的转变以后，也即认为经验知识的对象会随着时间而变化后，进化观念才

会变成可以思考之事。一旦我们对经验对象的界定不是
根据它在某种不受时间影响的分类体系中的位置，而是
根据它们在历史中的位置，那么我们就可能将生命 / 生
活（life）概念化为跟历史发展具有紧密联系之事。概
念框架的这一更为深刻的变化不是由任何单个科学家单
独挑起的，而是多种复杂的原因导致的结果，福柯甚至
都没有试着枚举这些复杂的原因。他想要研究的是作
为相对自主的领域的科学史，该领域由各种话语单元
（unities）、规律和转变所构成，而不会将有自己意图的 28
主体——科学家——视为主要的解释因素。其目的不是
为历史变化提供因果解释，而是描述深层思想结构中的
特定转变。

在早期著作中，福柯曾在很多不同的语境中使用考古学隐喻。在《临床医学的诞生：医学感知的考古学》（1963）、《事物的秩序：人文科学考古学》（1966）、《知识考古学》（1969）中，他开始系统地将考古学作为其研究取向的代名词。考古学已经被法国史学研究中的两大运动的支持者作为方法论隐喻来使用，这两大运动都对福柯产生了最为深远的影响：一是法国历史认识论，

其中最著名的代表人物是加斯东·巴什拉和乔治·康吉莱姆；二是年鉴学派的“新史学”（new history），它是“二战”后成为主流的一个历史编纂学派。尽管存在很多差异，但是，这两大运动都聚焦于不连续性（discontinuities）、对叙述性的历史编纂学的拒斥，以及都批判性地意识到历史研究部分地是对其研究主题的建构。他们不再接受那些以条约、战役等事件为基础的被视为理所当然的时期划分，而是通过考虑更长的时段和更微妙的断裂、转变和多样性，来探寻新类型的事件和将一系列事件组织起来的新方式。

考古学观念有效地把握住了福柯科学史研究取向的主要特征，并强调了它与传统历史编纂学的差异。他更关心的是问题层次（strata of problems）而非个人成就，这反映了考古学的传统含义。他的考古学不是传记史学，不关心伟人的个人发现。而是深入到我们思想的土壤之
29 中，去界定存在于个人的各种不同意见和行动背后的、更大的时间范围和更广泛的思考方式。它区分了科学史中的不同分析层面，并试图透视个体观察、实验和理论背后的层面。

因此，在科学发现的层面之外，各种讨论、理论和哲学观念还存在着构成各种科学发现的某种考古学的思想层面。在《事物的秩序》中，福柯正是要揭示科学话语的这种构成性的层面，他创造了“认识型”（épistémè）这一概念来予以表示。通过揭示特定时期思想存在的各种限制和必要条件，他想要揭示的是使人们对于秩序和知识的主观体验得以可能的那些非主观性的条件。按照认识型来描述历史，首先是要试图表明，思想史不能仅仅被视为对某些个体人物思想的研究。我们必须理解更广泛的历史条件和认识条件，正是这些条件才使个别主体能够以特定方式、通过特定概念来思考和感知他们周围的世界，而某些其他思考方式是根本不可能的。

现在，思想史的这种取向已经被普遍接受：人们不再认为是一系列伟大的思想家凭借其独特的思想禀赋而推动了思想的前进。《事物的秩序》处于对思想史采取更广泛视角这一极端行动的最前列，这是该书争议最小、也最广为人知的特征之一。然而，引起巨大争议的是，福柯对西方思想史上的根本断裂或不连续性进行描绘的方式。他通过区分三个历史时期背后的认识型来对不连续的点进行定位：文艺复兴时期、古典时期和现代时期。这一区分与《疯癫史》基本相同。在他的考古学探究中，第一次断裂或不连续位于古典时期的开端，大约 17 世
30 纪中叶。他将第二次认识型的断裂，定位在 19 世纪初，他认为这预示着现代时代的到来。

通过记录认识型之间的断裂或不连续，福柯坚决反对欧洲科学和合理性（rationality）的持续发展。从科学史的角度看，他是要表明现代形式的知识是如何源自思想史的某种根本断裂，而不只是此前的知识模式向更高阶段的发展。传统上被历史学家视为根本的特定争论和对立，事实上只是同一认识秩序的不同部分而已。另一方面，在有些情况下，通常被视为现代思想家之先驱的那些人，尽管跟现代思想家具有表面上的相似性，但他们是在完全不同的理论框架中思考的。

让我们再次以达尔文为例，通常认为，拉马克曾预见到达尔文的进化论思想。在《事物的秩序》中，福柯指出，尽管拉马克论及物种随着时间而变化，但是他的思想受到古典时代的认识型的约束，依赖于对自然的某种完全不同的理解。在古典时期的认识型中，自然仅仅

被视为一个统一的、没有历史的表格，拉马克所研究的变化是整个体系迈向更加完美状态的转变。这一思想跟被视为历史的、动态的现象的现代生命观念存在着根本性的差异。

同样，拉马克的科学发现不只是对此前文艺复兴时
期的理论的改进，而且还源自跟它们的某种根本性断裂。
它们“并不是因为人们开始更加努力和更为严密地进行
观察而成为可能”，而是因为自然秩序的存在方式发生
了改变（《事物的秩序》，第131—132页）。在文艺复兴
时期，自然被理解为一种动态的、鲜活的有机体，获得
有关自然之知识的方法是解释它所包含的内在意义。另
一方面，在古典时期，自然世界被认为是由没有意义的
物质和机械运动所构成的，认识自然就意味着对它进行 31
排序和分类。正如历史学家保罗·韦纳，福柯在法兰西
学院的一位亲密朋友和同事，如此描述福柯对历史学
的革命：他接近过去的方式，不是将其视为充满人道
意义的各种情节所构成的某种叙事，而是仿佛通过某
种包含着许多离散碎片的万花筒来观察过去。它揭示
了某种模式，但是某种偶然的模式。从一种认识型到

另一种认识型，犹如转动万花筒，从而创造一种新的模式。[13]

福柯在哲学领域中投入了很多精力。他的目的包含着展现出所有此前的哲学如何存在缺陷，因而为它们赋予新的方向和动力。《事物的秩序》体现了他对主体哲学的明显攻击——主体哲学是将研究人类存在视为首要问题的思想形式，还包含着他对于现象学的明确而强烈的批评。他的宏观主旨是，哲学思想陷入到了现代认识型的悖论性困境之中，因而最终走向了僵局。他有意识地、挑衅性地模仿弗里德里希·尼采关于上帝之死的著名论断，宣布了人的死亡。正如尼采认为上帝之死预示着哲学思想的新起点一样，追随尼采的福柯，宣布人的死亡是一个重要事件，足以开启新的认识型："人的消失所留下的空间"是"一个曾经更有可能予以思考的空间的展开"(《事物的秩序》，第342页)。

对福柯来说，人指的是某种人的存有（human being），而这种人的存有必须以某种特定方式来理解人，比如在古典时期，这种理解方式是不可能存在的。他将人称为一种"经验—先验的双重构造"（empirico-

transcendental doublet）。他的意思是说，人是所有知识之先验条件的某种存在——关于世界的所有知识都必须符合人体验世界的方式；而与此同时，人又是这个可以被经验地研究和认识的世界中的某种存在。他是自主和 32
理性的，同时又是超出其控制的各种无意识力量和文化实践的产物。他是由各种社会实践和历史事件的某种复杂网络所构成的，然而他的体验可能使它们得以阐明。

福柯指出，这种形式的思想绝非是必然的或毫无问题的。尽管我们很难以其他方式来思考主体、知识与历史之间的关系，但福柯将人诊断为现代认识型的问题。一种以人为中心的思考方式——某种人的存在既是意义的源泉也是自然世界、人类文化与历史的产物——必然意味着模棱两可性和循环性。诸如现象学等主体哲学，只能说明“经验中的被给予之物和经验可能带来的结果，如何对应于无尽摇摆的某种其他事物”（《事物的秩序》，第 336 页）。

对福柯而言，人的死亡所打开的思考的可能性，跟对语言的某种新理解有关。由于古典认识型的崩溃，人的诞生才得以可能，而我们再次处于新的认识型的边缘。

语言问题成为我们面临的最为重要的问题。“现在，我们思想的全部好奇心就在于如下问题：何为语言？我们如何能够找到一种避开它的方式，以便使其以本身面目得到最充分的显现？”（《事物的秩序》，第306页）这一问题预示着一个新的认识型。福柯认为，正是对语言作为比人更为根本的某种东西的分析，为思想铺就了新的可能性。语言不仅是我们将体验翻译为词语的工具，而且体验本身是经由它们在语言中被概念化的方式而得以构成的。

语言在根本上构成了我们对世界之体验的这种认识，经常被称为哲学的语言学转向。其核心思想是，语
33 言构成了我们思想和体验的必然限制：我们只能体验语言使我们可以理解的那些事物。比如，我们无法用自己的词语来描述因纽特人所描述的那些各不相同的雪花，我们在自己的体验中甚至不会对它们进行区分。

在强调语言对人的重要性时，福柯还指出，在我们的思想领域中发生了某种根本性的颠倒。现在，哲学思想将语言分析而非人的存在视为理解现实之本质的根本基础。尽管福柯的著作或作为总体的后结构主义都未开

创某种新的认识型，但它在为哲学的语言学转向赋予形式的过程中发挥了重要作用——语言学转向是20世纪西方哲学最为重要的发展之一。

然而，强调无名的结构而非个体成就，使人们难以评价该书以及福柯作为个体思想家的影响。在《事物的秩序》出版后的一次访谈中，福柯解释了他作为该书作者的立场。他指出，应该将其理解为是无名的，因为他也位于他自己的认识型之中。该书属于具有特定历史形式的话语，它将语言问题带到了我们思想的最前沿。他有意识地将其分析置于当时围绕语言所开展的所有研究都具有的总体上的无名性（the general anonymity）之中。作者虽然"存在于整本书之中，但他是无名的'一位'，他今天所说的一切都是已经言说过的"。[14]

然而，在强调其无名性的同时，该书还以第一人称叙事开端，描述了某种转变性的体验，这是福柯很少使用的一种写作形式。他在开端首先描述的是，该书如何源于豪尔赫·路易斯·博尔赫斯（阿根廷作家，20世纪最为重要的文学人物之一）的一篇文章中的一段话。博尔赫斯引用了"一部特定的中国百科全书"，它通过将

动物区分为不同范畴，比如属于皇帝的、涂香的、传说的、
34 流浪狗的，从而呈现了一个完全不同的思想体系。这段话让福柯笑了很久，这一体验击碎了他思想——我们的思想，“具有我们时代烙印的思想”——中的所有熟悉的地标（《事物的秩序》，第 XV 页）。这种奇怪的分类法令人惊叹的是，它揭示了极其不可能的特定思考方式，迫使福柯对他自身思想的限制提出质疑。

这一幽默的开篇表明了该书的目的。即使我们不可避免地会陷入自己的认识型之中，但在一定程度上，我们还是有可能意识到我们自身的限制。正是在面对完全不同的背景时，我们自身思想的无意识结构才会显现出来。福柯在《事物的秩序》中显然也想要使其对科学理论和分类的历史描述，可以发挥出像博尔赫斯的中国百科全书一样的功能：它们的意义在于，使我们认识到我们关于事物的秩序背后存在着各种隐蔽的结构，使我们体验到它们的脆弱性。

比如，当我们阅读文艺复兴时期自然主义者阿尔德罗万迪的《蛇与龙的历史》（*Historia serpentum et draconum*）时，其体验几乎会跟阅读中国百科全书时一

样迷惑不解。在阿尔德罗万迪对蛇的研究中，其中一章是按照如下标题组织的：包括蛇的解剖骨骼、本性和习性，以及神话、它们所侍奉的上帝、梦境和蛇在人类饮食中的用途（《事物的秩序》，第 39 页）。通过让读者跟他自己的文化保持距离，福柯意在表明，现在看似不可能的那些思想形式不但是可能的，而且对于那些按照其他认识型来思考的人们来说，还是合理的知识形式。这意味着，从未来的有利角度看，我们当前的思想形式可能看起来同样是荒谬的和不可能的。我们的必然性可能将同样表明，只不过是偶发性而已。

尽管很少被指出，但是，《事物的秩序》不仅是要尝试着发展出一种不同于以主体为中心的哲学和思想史研究的取向。而且，它还构成了福柯的当下史的组成部 35
分：其目的不只是理解过去，而且还是为了经历某种体验，该体验对我们的思考方式的自明性提出了挑战。

# 第四章　文学的无名性

作者被允许对某个世界中意义的癌症般的危险 36
增殖予以限制，在该世界中，一个人不仅要节省其资源和财富，而且要节省话语及其意义。作者是意义增殖中的节省原则。因此，我们必须完全颠覆传统的作者观念。正如我们前面所看到的，我们通常认为作者是一部作品最适宜的创作者，他以无限的财富和慷慨，在其中部署了一个耗之不竭的意义世界。我们习惯于认为作者是如此不同于其他人，超越所有语言，以至于他只要一说话，意义就开始增殖，无限地增殖。

真相与此恰恰相反：作者并非充斥于作品之中

的意义的无限源泉；作者并非先于作品；他是某种特定的功能原则，在我们的文化中，人们正是依据这一原则来进行限制、排斥和选择的；总之，人们正是依据这一原则来防止小说的自由创构（composition）、解构（decomposition）和重构（recomposition）。事实上，如果说我们习惯于将作者呈现为一个天才，一个永恒的创造之源，那是因为在现实中，我们完全是让他以相反方式来运作的……因而，作者是一个意识形态人物，他标志着我们对于意义增殖的恐惧的风俗。

37 我这么说似乎是在呼吁一种文化形式，在这种文化形式中，小说不应该被作者这一人物所限制。然而，想象这样一种文化，在这种文化中，小说以一种绝对自由的状态运作，可以被任何人所支配，无须通过某个必要性或限制性人物就可以发展，那这是纯粹的浪漫主义。尽管自从18世纪以来，作者就已经扮演着虚构之事的掌管者角色，但该角色仍然是我们这个工业时代和资产阶级社会的特征，是个体主义和私有财产的特征；鉴于正在发生的历史性变化，作者功能似乎没有必要在形式和复杂性上保持不变，甚至其存在也都没必要了。我想，随着我们社会的变化，当变化过程发展到某一时刻，作者功能将会消失，以至于小说及其多义性的文本将会再次按照另一种方式运作，但仍然处于某种约束性体系中——构成约束的将不再是作者，而是需要被决定或体验的东西。

所有话语，无论其地位、形式、价值如何，也无论它们将会受到何种对待，都将以低声默语的匿名方式得到发展。我们将再也听不到这么长时间以来被反复讨论的问题：究竟是谁在言说？真的是他人在言说吗？有什么真实性或原创性？他在其话语中表达了其深层自我的哪个部分？相反，我们将听到如下问题：这种话语的存在方式是什么？它曾在哪里被用过，它是如何流通的，谁可以自己占用它？在这种话语中，是否为可能主体留有空间？谁可以承担这些各种各样的主体功能？在这些问题背后，我们几乎什么也听不到，除了漠不关心的态度：不管谁在言说，又有何区别呢？[15]

——《何为作者？》

38 让-保罗·萨特，法国战后一代的领军哲学家，在1948年撰写了一部论文集，题为《什么是文学?》。他十分明确地回答了自己的问题：文学的出发点、指导原则及最终目的是自由。作者必须将读者的思想引导到世界的被压迫性上，将世界描绘为永远需要更多的自由。作者对自由的这种承诺，是好的文学作品的一个前提条件。一部好的小说经常需要使人们意识到压迫问题，并承诺通过捍卫自由来结束压迫。[16]

以萨特的观点为背景，我们就能够更好地理解福柯关于作者角色及其与文学和自由的关系的思想所具有的新颖性。对于福柯以及萨特之后的一代人来说，文学写作已经跟个人表达的层面脱离关系这一观念变得至关重要。跟萨特以及当时盛行的文学观点相对，他们认为文学写作仅仅指涉自身，作者的意图跟应该如何评价和阅读其作品没有什么关联。文学作品不是由赋予意义的作者的承诺、动机和意图所决定的。比如，作者是否致力于自由跟其作品本身的价值没有关系。有些讽刺的是，如果说萨特的信息是要解放我们自己，那么福柯正是想要摆脱萨特——以及萨特对年轻时的他所代表的一切——以解放自己。

在研究思想史和科学实践的功能的同时，福柯在20世纪60年代对于话语的探究还朝着另一个重要的方向发展，也即文学，并围绕该主题发表了几篇有影响力的文章。他与聚集在《原样》(*Tel quel*)周围的作家有过短暂的交往，他的早期思想在很多方面都与赋予先锋写作以革命性作用的有影响力的思想运动相符合。该运动包括朱莉娅·克里斯蒂娃和罗兰·巴特等著名思想家。 39

福柯讨论文学的文章，通过从另一个角度检视个体主体与语言之间的关系，从而补充了他的科学史研究。现在，个体主体是文学作者而不是科学家，但福柯的目的仍然是质疑他/她的意图和体验在我们的话语分析中的首要地位。我们应该努力理解话语本身的意义、价值和功能，而不是询问那些写作这些话语之人的头脑中在想些什么。福柯著作的哲学层面和文学层面完全交织在了一起。

福柯在其界定性文章《何为作者？》中的出发点是认为作者已死——作者的意图不再是作品之意义和价值的最终来源。相反，我们必须分析他/她的名字如何在话语的组织中发挥作用。福柯认为，作者的名字不是一个跟其他名称一样的专有名词，该名字在叙述虚构故事方面发挥着特定的独特功能：比如，它使人们将特定数量的文本视为一类，对它们给予定义，把它们与其他文本的差异进行区分和对比。如果我们发现莎士比亚并非出生在我们认为他出生的屋子里，这并不会影响我们阅读其作品的方式。另一方面，如果我们发现某份手稿是莎士比亚而非培根所写，那么，这一发现将会立即影响我们对它进行阅读、评价和分类的方式。

在我们的文化中，只有特定的话语才被赋予这种“作者功能”，而其他话语则被剥夺了这一功能。一封私人书信或一份合同也许有签字之人，但没有作者。写在墙上的匿名文本有其撰写者（writer），但没有作者（author）。作者功能仅仅是我们社会中特定话语的特征，而且，这些话语在历史的过程中还会发生变化。曾经在
40 有些时候，当文学作品——故事和史诗——被接受和受到重视时，我们并不会对其作者的身份提出任何疑问。另一方面，我们现在称为科学的那些文本，比如处理宇宙论和医学的文本，在中世纪，仅仅当被标记上其杰出

作者的名字时才被接受。从那时开始，彻底的颠倒发生了：科学话语之所以被接受，不再是因为其作者的名字，而是因为其真理的无名性和可证明性。而文学话语则只有在被赋予某个作者时才会被接受。跟科学话语不同的是，文学话语的意义、地位和价值取决于谁撰写它们这一问题。于是，成为一部文学作品的作者，在我们的文化中不仅意味着创作了它，还意味着履行与它有关的某种特定功能，而该功能是历史性和文化性地被决定的。

显然，作者之死并不意味着没有主体运用他们的笔或电脑来撰写著作。相反，作者远远不是文学作品之意义和价值的最终来源，而是其分类和组织的某种偶然的原则。赋予他/她对文学作品的最终权力的那种看似自然的方式，绝非必然如此：它属于特定的历史时期。

在福柯看来，在这一历史时期，作者的角色不仅是一种偶发性，而且是一种约束。我们阅读文学和哲学著作时，总想找出作者撰写它们是要表达出什么意思。按照福柯的看法，这是成问题的。它会阻止人们不受这些考虑的约束、用完全新颖的方式阅读文学作品。作者的名字不仅以特定方式组织了作品，而且还限制、排斥和筛选了作品。正是经由这种方式,小说的自由流通、窜改、创构、解构和重构才受到了阻碍。尽管永远都不会实现文本的完全自由流通，但约束的方式在历史上正不断发生变化，因而有可能的是，有一天我们将生活在一种不受作者这一人物之限制，而是被某种无名的低语声和意
41 义的无限扩散所包围的文化中。在如今这个互联网时代，福柯的愿景似乎有相当的预见性。

福柯对语言具有独立于写作主体之创造性的生产能力这一点的着迷，还明显地体现在他唯一一部以一本书的篇幅来论述文学的著作《死亡与迷宫：雷蒙·鲁塞尔的世界》。该书通常不在福柯的主要经典作品之列。跟这些作品不同的是，该书不是某种历史研究，通常也不会被视为对其哲学立场的阐述。然而，福柯显然对鲁塞尔深感兴趣，由于其著作的哲学意涵，以及他在其中对语言的本质进行了实验。[17]

在撰写他的某些书时，鲁塞尔使用了他在遗著《我是如何写作我的某些著作的》(*Comment j'ai écrit certains de mes livres*)中所描述的一种方法。该方法的基础是同形同音异义词(homonyms)——拼写或发音

相同但含义不同的词语。“枝茎”（stalk）一词就是其中的一个例子：它表示植物的一个部分，或表示跟着某个人。鲁塞尔使用同形同音异义词的方式是，选择一个词，通过介词“à”将其与另一个词联系起来。以不同于其最初含义的方式来理解，这两个词为他提供了一种新的创造或性质。比如，“有窗户插销的屋子”（maison à espagnolettes）最初指的是拥有窗户插销的屋子，但鲁塞尔将其作为基础，讲述了一个源自一对西班牙双胞胎女孩的王室或王朝的情节——其第二层含义。

他还试验了第二种同形同音异义词——发音相同但拼写不同的词语，比如“two”和“too”。他将一个常用短语、一首歌或一行诗转换为具有相似发音的一系列词语。这些新的词语跟最初的词语是同音异义词，但它们之间显然是完全异质性的。鲁塞尔将其鞋匠的名字和地址——Hellstern, 5 Place Vendôme，转换为如下句子：
Hélice tourne zinc plat se rend dome。因为它们的发音 42
是相同的。然而，其含义截然不同，后者的意思是“螺旋桨将镀锌压成了圆顶状”。

> 唱歌的蝻虫，唱独角戏的截肢男人，吐血写名字的自负之人，福加（Fogar）的水母，贪吃的寄生虫……这些没有种或属的怪物却具有必然的联系；它们在数学上遵循着支配同形同音异义词的法则和最为准确的秩序原则；它们是不可避免的……一开始，没有任何工具或策略可以预测它们的结果。于是，奇妙的机制接管并转变了它们，通过同形同音异义词的游戏加倍了它们的不可能性，追踪它们之间的“自然”联系，最终以严谨认真的方式传递它们。读者以为自己认识到了想象力的自在漫游，而实际上，只不过是经过方法论处理的随机语言。（《死亡与迷宫》，第 38 页）

福柯显然对鲁塞尔的语言实验非常着迷，因为它们是盲目地遵循特定原则和规则的机械过程，然而能够创造出新的、美好的含义。对他来说，超现实之美的机械般的生产，说明了如下这一思想：语言生产出意义是独立于主体的主动性的。萨特认为书籍中出现的美永远都不是偶然的，犹如美就其本质而言就不是偶然的，因为它们源自写作主体的意图；福柯反对萨特的这种观点，他发现，雷蒙·鲁塞尔作品的吸引力正在于美的偶然创造。他的那些令人难以置信的人物和事件都是偶然的组合。与其说它们是充满迷狂和灵巧想象力的幻想式创造，不如说是对语言予以机械化处理所导致的偶然结果。

当鲁塞尔本人承认作者的纯粹想象力要高于所表征
的现实时，福柯却由于其背后有关语言的哲学观念，而
放弃了这一对立观点的两个方面。在他看来，鲁塞尔的 43
作品既非对现实的某种表征，也不是其发散性想象力的外在表达。相反，它在文学领域证明了我们所谓的哲学的语言学转向。它例示了如下哲学观念：语言不仅描述和“转译”主体对于现实的体验或诸如幻想和记忆等内在体验，而且，它还会构成现实。这意味着文学的目的不仅是将我们的体验尽可能忠实地转译为词语，而且在福柯看来，更重要的是创造新的体验。

福柯对科学话语的研究，分析了语言构成事物的某种本体论秩序的方式，而该秩序就隐含在各种科学理论和科学实践之中。与此同时，他还认为，文学的语言能够构成其他的、非科学的、非理性的本体论领域：以不

同的感知和实践网格（perceptual and practical grids）为基础，就可能形成对秩序的不同体验，新的观看和体验方式也将浮现出来。他在《事物的秩序》中写道，文学形成了“某种反话语”（a sort of counter-discourse），摆脱了规范着科学话语和日常话语的那些秩序原则。其目的恰好是超越话语的界限，使其成为可见和可争之事，去发现语言中的某种“疯癫”，比如“语言发现其自由的那些不拘形式的、沉默无声的、无所指涉的区域”（《事物的秩序》，第383页）。

在他论述乔治·巴塔耶和莫里斯·布朗肖等作家的文论作品中，福柯还关注了实验性写作所具有的跨越我们日常概念和体验，以达到悖论之点的那种能力：写作会消除统一的主体，并使语言溢出其日常范围。尽管语言本身使我们有关世界的有序的、理性的知识得以可能，但它还使我们进入了非现实、非理性的世界。语言具有构成性的同时又具有含混性和无名性，这使其成为不断
44 后撤的视界（the eternally withdrawing horizon）、无限丰富的背景（the infinitely rich background），主体可以在其中用新的、创造性的方式来思考和体验世界。

在他的文学研究中，福柯提出了有关语言本质及写作主体作为意义来源的哲学问题。通过努力挑战现象学赋予主体的优先性及其隐含的语言观，他还提出了新的自由观念：自由与某个赋予意义的主体及其本性、主动性或能力等观念没有关系。与萨特不同的是，他并非将自由构想为主体的某种内在特征：它不是他/她拥有的并可以转移到他/她的作品中的某种定西。相反，自由是语言本身以及它使之成为可能的那些体验的特征。语言构成了某种无边无际的视界，它使各种体验得以可能。

尽管福柯通常都被人们解释为强调我们思想和体验的必然结构，否定我们的内在自由，但在他的思想中，将自由视为意义和体验的无限扩散，这样一种反人本主义的理解潜在地受到保护。他想要表明，我们的思想如何经常受到我们无法控制的深层话语结构的约束，同时通过先锋写作，我们又如何能够扩展思想的界限。对他来说，文学对各种决定提出了异议，打开了体验世界的新方式。

# 第五章　从考古学到谱系学

我们该如何定义谱系学和传统意义上的历史学 45
之间的关系呢？当然，可以检视尼采对历史学的那些著名称呼，但我们暂时将这些置于一旁，考虑一下他将谱系学视为效果史（wirkliche Historie）的那些情况……历史意义成为效果史的某个维度，是因为它将人们通常视为不朽的一切都置于某个发展进程之中。我们相信感受（feelings）是不朽的，但每种情操（sentiment），尤其是最为高贵、最为无私的，都具有某种历史。我们相信本能生活的乏味而恒定，并想象它在当下仍然不加区分地发挥着跟过去一样的力量。但有关历史的某种知识，很容易就会瓦解这种统一性，描绘出其摇摆不定的过程，定位其发挥优势和凸显弱势的时刻，界定其风雨飘摇的统治。它很容易就可以抓住对本能的缓慢阐述，以及那些反过来转向自己、无情地走向自我毁灭的运动。我们认为，无论如何，身体都遵循着生理学的排他性法则，不受历史的影响，但这也是错误的。身体是被很多各不相同的本能体制（distinct regimes）塑造而成的。它会被工作、休息、放假的节奏所分解；它会通过饮食习惯或道德法则，因食物或价值而中毒；它会构成抵抗。“效果”史与传统史学不同的
46 是，它没有不变之处。任何人事，即使是身体，都不会稳定不变到可以作为自我认知或理解他人的基础。用于建构一种综合史观以及将过去追溯为耐心而持续之发展的传统策略，必须予以系统地拆除。我们必须消除对安慰性的认知游戏（consoling play of recognitions）起到鼓励作用的那些趋势。知识，即使打着历史的旗帜，也并不依赖于“重新发现”，它尤其排斥“对我们自己的重新发现”。历史之所以会变得有效，是因为它将不连续性引入了我们的

特定存在之中——它分裂了我们的情感，戏剧化了我们的本能，多样化了我们的身体，并使其自己反对自己。“效果”史剥夺了自我对于生活和自然之稳定性的安心认可，它将不会允许自己被冥冥中的顽固力量带向某种千禧年的结局。它将会根除它的传统基础，无情地瓦解其虚假的连续性。这是因为知识不是为了理解而产生的，它产生的目的是切断（cutting）。[18]

——《尼采、谱系学、历史》

福柯的《尼采、谱系学、历史》一文，经常被解读为其思想的谱系学阶段的开端。这一文本引入了谱系学概念，一个从弗里德里希·尼采那里借用的概念，后来成为福柯概括其研究计划所青睐的术语。然而，该文并非他的谱系学方法论宣言，而是对于尼采文本的某种细读，尤其是尼采的《论历史对于人生的利弊》一文。在尼采的思想中，谱系学概念的使用已经很复杂，并且前后不一致。在宽泛意义上，它指的是对于那些被认为是没有历史的东西的批判性历史化，比如身体及其自然本

能、功能或据说是永恒的道德价值。福柯也是如此。他
从未对谱系学给予任何具体的或系统的界定，必须从他
47 的不同著作、文章和访谈中，收集他所认为的谱系学的
核心特征。因此，最好将其理解为某种多层面的、批判
性的实践，而非一种严格的方法。

尼采对谱系学最著名的运用是在他的《道德的谱系》（*The Genealogy of Morals*）一书中，他在该书中通过追溯道德的历史而对其进行了某种彻底的批判。其论证大体是通过展现道德从奴隶心理特性中浮现的历史，来拒斥基督教的一般认为是永恒的道德价值。基督教的道德最初是奴隶的道德，他们将自己被迫接受的各种特性转变为道德价值：谦卑（humility）、谦虚（modesty）、自我否定和温顺。而尼采倡导的是主人的道德，他们重视的价值——骄傲、荣耀和权力——在充满怨恨的奴隶看来像是罪恶的自负，但对尼采来说是肯定生命的和积极向上的。

尽管福柯和尼采的方法共有一些重要的关键要素——比如用历史来进行批判，但福柯的谱系学并不是对尼采思想的忠实采用，它不应该被如此解读。比如，

福柯并未如尼采那样运用心理学或种族的解释方式，而是深刻地质疑个体主体（the individual subject）的重要性及其心理特性。他还清楚地表明，跟忠实地追随尼采相比，他更感兴趣的是用尼采来实现他自己的目的。[19]

他从尼采的谱系学中挑选了一些关键要素，这些要素对于他的思想来说是决定性的。他在《尼采、谱系学、历史》一文开头就写道，谱系学“是灰暗的、细致的和耐心的文献工作”（《尼采、谱系学、历史》，第 76 页）。这一概括已经表明了他想要确立的对立：一方面是崇高的哲学体系，它在“永恒真理、灵魂不朽和意识经常具有与己同一之性质”中倡导一种宽慰人心的信念；另一方面则是谱系学，它是自我退隐、低调谦逊的，但是富有实效、严格精确、尖锐锋利的。它意味着研究具体历史，记录详细事实，但这并不意味着它不受哲学或批判 48
的影响。事实上，恰恰相反：其历史编纂学方法表示的是一种新的做哲学的方式，是对懒散的形而上学推测的根本挑战。其目的是历史化（historicize），以便在根本上质疑思想实践和思考方式（practices and forms of thinking）的那些无时间的、不可避免的特性。

福柯的思想在20世纪70年代从考古学转向谱系学，但这并不意味着他放弃将历史编纂学作为其哲学方法。他也从未放弃作为其考古学核心特征的那些主要的方法论洞见。这可能意味着退回到传统的“天真”史学（“naïve” history）。福柯在20世纪70年代初期转向谱系学的关键，是其提问方式的转变。使他对科学史感兴趣的问题意识，不再是关于话语实践得以浮现的内在规则和外部条件，也不是关于科学发展是延续的还是断裂的，而是开始转向研究权力关系和科学知识的形成之间的关联。福柯谱系学的主要观点是，制约科学实践的规则经常都跟所讨论的某个社会的权力关系紧密相连。科学领域和权力关系内在地粘连在一起，这种根本上的相互交织就是福柯以混合方式表示的权力 / 知识。

在《规训与惩罚》中，福柯通过探讨犯罪学作为一门科学在19世纪的浮现，阐明了知识形式与权力实践之间的相互交织。他认为，犯罪学的发展跟某种特定权力实践——监狱——紧密关联。现代监狱的目标不只是惩罚，而是在根本上对罪犯进行再教育和改造。为了这一目的，收集关于罪犯的知识就变得意义重大。比如，

记录他们的外在行为、意识状态和逐步的改善。福柯指
出了针对每个囚犯撰写详细报告的做法是如何被引入 49
的，并在 19 世纪中期在监狱中成为必须之事。他认为
正是这些知识构成了犯罪学的经验资料，使其可能作为
一门科学诞生。[20]

司法正义的旨趣和需求激励着犯罪学等科学的发展，因为它们可以被用来促进监狱的运作。福柯认为，权力机制通常都是根据程序、工具和目标来运作的，这些程序、工具和目标在或多或少具有统合性的知识体系中有效。对于监狱的有效运作而言，重要的是拥有一套可以对惩罚性权力（punitive power）进行调节和提供正当性的知识体系。同时，科学知识仅仅通过被科学地确证、被理性和普遍地接受，就必然获得其权力效果。即使当犯罪学并未直接用于支持惩罚性权力的目的时，它也形塑了人们思考与感受犯罪、罪犯、监狱的方式。

对科学知识及其社会与政治脉络的这种理解，在科学哲学中，通常被视为外在的考虑。科学哲学认为我们的社会与政治的旨趣和需要会影响各种类型的科学研究，使其得到资助和鼓励，相反，科学真理也会形塑我

们的社会与政治的旨趣和需要，但科学本身的内容并不会被损害。换句话说，即使那些有权之人可以决定何种问题被提出，但是科学给予问题的回答是客观真实的。就犯罪学而言，惩罚的实践需要犯罪学提供的知识，但这无论如何都不意味着这种知识本身是偏颇的。

福柯则认为，权力与知识的相互交织有时是非常紧密的。他将它们的关系理解为内在的：科学知识的社
50 会与政治脉络也形塑着科学知识本身的内容。换句话说，犯罪学为有权者提供的回答本身就受到了权力结构的形塑。比如，犯罪学建构了违法犯罪的类型，每种犯罪都被赋予其特征，需要采取特定的处置措施。这些通常被认为是客观而科学的分类，反映了当时特定社会的偏见和等级：罪犯是那些具有危险性情和本能的偏差者和变态者。福柯将这种知识称为“社会亚种的动物学”（a zoology of social sub-species），并引证早期犯罪学家的著述作为骇人听闻的例证。比如说，它被认为可以证明谁是拥有平均智力的人，谁又是因某种“邪恶道德”（iniquitous morality）而变态的人；跟因天生无能而具有某些特征的那类人相比，这些变态者要受到更为不同

的处置。他们必须被日日夜夜地隔离开来，“当不得不使他们跟其他人接触时，他们必须穿戴由铁网制作而成的面罩”(《规训与惩罚》，第 253 页 )。

当然，这种极端的例子并不能证明，所有科学都是同样被扭曲的。福柯究竟在多大程度上坚持其观点——所有科学真理都是社会建构的，因而必然负载着社会与政治的价值与旨趣——这一点尚存争议。他明确地认为，科学是一种社会实践。所有社会都有旨在生产知识的各种实践措施和制度机构，发展科学必然是一种社会性的而非个体性的活动。知识各要素必须符合特定时期内某种特定种类的科学话语所包含的一系列规则和约束性特征。但这并不意味着所有的理论都是同样真实有效的或虚假错误的：它并未排除实现科学真理的可能性。与其将客观性理解为独立于所有社会性形成的标准，我们不如将其理解为某种科学共同体达成的某种共识。只要科学共同体向批判保持开放，形塑科学理论的社会背景性信念——或偏见——就会受到质疑，关于何为客观真实 51
的共识就会发生改变。比如，早期犯罪学家的理论，后来就被纠正他们偏颇的理论所取代。

福柯将其对于权力与知识之间的关系的分析明确地限制在各种人的科学（human sciences）内，对这些科学来说，“研究主体本身被视为可能的知识的某种对象”。[21] 虽然我们社会形塑的各种背景信念，在某种程度上不可避免地形塑了所有的科学实践，但在有关人的各种科学领域中，其影响显然尤其强烈而危险。比如，当我们试着解释亚原子微粒而非人的行为时，我们有关性别、种族和阶级的默认预设就不会那么危险了。

福柯提醒我们，尤其不要采取某种背景性信念（background belief），也即具有人类普世性的假定：在所有文化和所有历史时期都有效的有关人类存在的真理。一旦我们确定某些东西对于所有人类存在来说都是真确的，那么，我们就建立了一种可以据此来衡量和评判人类行为的规范。比如，通过确立一种将人类性态视为自然而普遍的生殖力的科学观念，我们就有效地将各种各样的性行为予以边缘化了。因此，福柯坚持认为，谱系学必然不会是不变的，这意味着对所有人类学普世性预设的某种系统性怀疑。

> 就人类本性或者可以被用到所关心的主体身上
> 的范畴而言，在我们的知识范围内，呈现给我们的、
> 具有普遍有效性的一切都必须被检验和分析：拒绝
> “疯癫”“犯罪”或“性态”的普世性，并不意味着
> 这些观念就毫无指涉，也不意味着它们仅仅是出于
> 半信半疑的原因才被发明出来的怪物。然而，拒绝
> 的意义不仅在于认识到它们的内容因时间和环境而
> 变化这一简单观察；它使人思考，按照讲真话／说
> 真理（truth-telling）的原则，将某个主体视为精神 52
> 病人或让主体从他们的性欲模式中认识到他们自己
> 最为重要的部分，这得以可能的条件是什么。这类
> 工作的首要方法论原则是：尽可能避免人类学普世
> 性，以便在历史构成中质询它们。（《米歇尔·福柯》，
> 第 317 页）

因此，不变性或人类学普世性并非一开始就受到拒绝，而是受到根本的、历史性的质疑。一切事物，包括那些我们坚信没有任何历史的东西，都必须受到严格检验。其中非常重要的一个便是身体。我们坚信“身体

遵循生理学的排他性规律，因而不会受到历史的影响”，但福柯认为，事实并非如此。我们的身体同样仅仅存在于社会之中。比如，它们是由有关健康、性别和美的各种规范所形塑的。它们具体地受到饮食、锻炼和医学干预的塑造。总之，它们也具有某种历史。各种谱系学是“有关身体的各种历史”：对于将这些复杂领域中的人类行为视为性态、精神错乱或违法犯罪的所有纯粹生物学的解释，谱系学通常都会提出质疑。

尽管福柯有关权力与知识的观点，跟认为科学是社会性知识的、十分有影响力的科学哲学学派有很多共同之处，但他的谱系学有着自己的独特风格，这使其不同于所有传统的哲学解释。谱系学可以被视为例示了一种具体的文体。[22] 福柯跟尼采一样，他们的写作是运用戏剧姿态（dramatic gestures）和震惊意象（shocking images）的、具有某种高度修辞性和夸张性的风格。《规训与惩罚》开篇详细描述了 1757 年罗伯特·达米安因被判弑君罪而遭受公开行刑和处决的过程。福柯通过目击者的描述，呈现了所有令人惊恐的细节，如达米安是如何被炽热的铁钳子、硫黄、熔铅、沸油和燃烧的树脂所折磨，又是如何被四马分尸的。

谱系学的戏剧性特征有时会被批评为不必要的和具 53
有操纵性。然而，这种呈现方式是实施谱系学批判的一个基本构成部分，因为谱系学的关键在于其在读者中唤起某种体验的能力。它必须使我们震惊，以便看到某些我们至今为止拒绝看到的东西。对达米安遭受酷刑场面的描述，例示了一种惩罚罪犯的方式，这种惩罚方式对我们来说似乎是惊恐的、戏剧性的，但不久之前被视为理所当然的。它构成了福柯论述典型的现代惩罚方式的背景，而典型的现代惩罚方式是该书的焦点所在。

福柯跟尼采都具有的另一个共同的风格特征是不信任和反讽的态度。谱系学的核心特征是，对于最为崇敬和高贵的事物，都持有某种怀疑态度。[23] 对尼采来说，这意味着揭露道德的可恶根源。而对福柯来说，其采取的形式是对改革和进步观念等所有纯粹的科学和人本主义动机提出质疑。比如，在《疯癫史》中，福柯认为精神病机构改革的动机，与其说是人本主义，不如说是想要建立更为有效的控制体系。显然很反讽的是，他想要推翻公开宣称的目标和目的，以揭示其对立面。在他关于监狱的研究著作《规训与惩罚》中，他认为，尽管监狱有其公开宣称的目的，但它的功能事实上是要制造出违法犯罪分子，而不是防止犯罪。他指出，“鉴于监狱未能消除犯罪这一观察，我们或许应该替换其假设：监狱非常成功地制造出了违法犯罪分子，一种特定类型的、在政治或经济上很少有危险的——有时还很有用的——违法犯罪的形式”（《规训与惩罚》，第 277 页）。

尽管公开承认尼采的影响，但福柯思想的基本要素
并未因谱系学的引入而发生变化。谱系学，像考古学一
样，跟传统的历史编纂学的区别在于，它是效果史：关
54 键不只在于理解过去，而且还在于改变我们观看当下的
方式。通过展现在我们视为必然的、科学的真理的形成
过程中发挥作用的各种偶发性，其目的不仅是要“解放”
精神病人、囚犯等边缘群体，而且想要“解放”我们所
有人。

# 第六章　监 狱

边沁的全景敞视监狱（the Panopticon）是这种 55
构造的建筑图形。我们知道它基于如下原则：在外围建一个环形建筑；在中心修一座塔；这座塔上装满了面向环形建筑内侧的窗户；外围建筑被分为很多牢房，每间牢房都延伸了整个建筑的宽度；它们有两个窗户，一个朝内，对应于塔上的窗户，另一个朝外，允许光线从牢房的一端照到另一端。之后，所需做的一切仅仅是在中心塔上安排一个监管者，往每个牢房中关进去一个疯子、病人、死刑犯、工人或学生。借助背光效果，我们可以从中心塔上正好与光线相对的角度，观察四周牢房内的小小的囚徒影子。它们就像许多的笼子，许多的小剧场，其中每个演员都是孤单、非常个体化和持续可见的。全景敞视机制在安排空间单元时，使其可以尽量被持久地、立刻地观看到。总之，它颠覆了地牢的原则，或者说，颠覆了它的三个功能：封闭、剥夺光线和隐蔽——它只保留了第一个功能，消除了其他两个功能。充分的光线和监管者的目光，比黑暗更能有效地捕获囚禁者，而黑暗最终是保护性的。可见性是一种陷阱。首先，作为一种消极效果，它有可能
56 避免在禁闭场所看到的那种拥挤不堪、鬼哭狼嚎的状况，如戈雅所画的和霍华德所描述的那样。每个人都被牢牢地关在一个牢房里，监管者正好从前面看到牢房里面。但侧面的墙壁挡住了他跟同伴之间的接触。他可以被看到，但自己不能观看；他是信息的对象，但永远都不是交流的主体。他的房间安排正好跟中心塔相对，这就强加给他一种向心的可见性。但是，环形建筑被划分成相互隔离的牢房，意味着某种横向的不可见性。而这种不可见性正是秩序的保证……人群、拥挤的群众、多种交流的场

所、相互融合在一起的个体、集体效应都被废除了，取而代之的是相互隔离的个体的集合。从监管者的角度看，它是被一种可以被编号和监管的多重性所取代；从囚禁者的角度看，则是被一种相互隔离的、可被观察的孤独所取代。

因此，全景敞视监狱的主要效果是：使囚犯进入一种有意识的、持续可见的状态中，从而确保了权力的自动运转。所以，对事情的安排要使监视在效果上是持续的，即使在行动上是断断续续的；权力的完善应该趋向于使其实际运转变得没有必要；这种建筑机制应该成为创造和维持权力关系的机器，独立于权力行使者。总之，囚犯应该被陷入一种他们自己就是承载者的权力处境中。

——《规训与惩罚》

杰里米·边沁于1791年为理想监狱所做的设计——全景敞视监狱，是福柯的新型权力的范例，他称之为规训权力（disciplinary power）。边沁是启蒙运动时期的法律学者和政治哲学家，其监狱设计在很大程度上被视为一种历史好奇，直到福柯将其谱系学研究聚焦于此。
57 对他来说，这是一个引人注目的例示，“一种图解”，代表了一种新的构想权力的方式。这种新型权力的基础不是君主等至高无上的个体，而是无名的、机械的。其运作方式不是通过外部的约束和壮观的暴力景象，而是经由内化某种谨慎的、警惕的目光而运作的。它不是隐藏其对象，将其集合起来，而是努力使其变得可见，并使他们彼此分开。

福柯在其谱系学阶段的第一本主要著作中提出的挑战性观点是，尽管这样的全景敞视监狱并未完全建立，但其基本要素构成了一种新的权力形式：规训权力。现代社会的很多机构及空间的设计和建造都体现了这些要素，比如学校、医院、工厂和监狱。我们生活在一个规训社会，在该社会中，权力是通过无所不在的、匿名的监视而实施的。如今，规训权力采取了自动摄像机、电子条形码、受控呼叫等更复杂的技术形式，但其运作原则未发生改变。

福柯对理想监狱之建筑设计的详细讨论，还体现了他对空间模式的偏好：对他来说，哲学思考就是空间思考。他在一次访谈中论及他的“空间迷恋”（spatial obsessions），他说正是通过它们，他才找到了一种思考权力与知识之间的可能关系的方式。[24] 全景敞视监狱以非常具体的方式，展现了权力的某种特定空间分布如何使人们对其对象的某种更为详细而准确的知识变得可能。当人们的行为可以被持续观察时，它们同时也就可以被详细地评估。从而可以对行为进行测量和比较，为行为效果划分等级。这种知识通过以更细致而微妙的方式来形塑囚徒（inmate）的行为、欲望、目标和体验，为设计提供新的应用，从而强化了权力效果。比如，即使对偏离规范的微小偏差，也可能给予惩罚和奖励。它 58
将每个个体都转变为一个可以描述、测量、比较，从而还能纠正、排斥和标准化的“病例”（case）。正如福柯在上述摘录中所言，可见性是一个陷阱，因为它可以确保对其对象的永久权力。正是通过持续地被看，权力关系得到了维持。全景敞视监狱通过展现出知识形式和权力技术及其对象之间在本质上的相互依赖关系，揭示了现代权力的结构。

在他的考古学分析中，福柯通过质疑主体在科学知识生产中的基础地位，而对其进行了重新思考。他在20世纪70年代采用了谱系学作为其方法，这使他对主体之构成（constitution of the subject）——主体化（subjectivation）——做了一种更复杂的解释。其主要观点是，只有在一个社会的权力/知识网络中，成为一个主体，一个具有可使人理解的意图、欲望和行动并被社会所认可的个体，才能够成为可能。在他看来，所有身份/认同（identities）都是通过权力和知识的实践而被创造出来的。权力并不存在于主体与预定的身份/认同之间，而是主体本身的构成要素。它们形塑了行为，为其输入了各种形式的自我认知（self-awareness）。倘若没有它，使权力网络得到界定的主体就不会在思想中存在。

在《规训与惩罚》中，福柯分析了犯罪主体——自己认为自己是罪犯的那些人——在权力/知识网络中的构成方式。首先，监狱通过锻炼制度、详细规则、持续监控、饮食以及严格的时间控制等措施，来具体地操纵和形塑囚犯的身体。他们的生活习惯和行为模式被打破，并以新的方式得到重构。其次，按照科学方式对囚犯的身体进行分类和检查。虽然早期犯罪学的类型学可能已经被抛弃，但其观察和评估的原则仍然盛行。囚犯是被科学研究的案例，也是需要在制度上予以纠正的病例。 59

具体的身体操纵过程和科学的对象化 / 客观化过程（objectification）是相互促进的。主体化使理论上的对象化得以成为可能，从而导致犯罪学、犯罪精神病学等科学的诞生。另一方面，这些相应科学的发展有助于各种规训技术的发展和合理化（rationalization）。而且，这两个层面通过规范化（normalization）而有效地连接在一起。各种科学话语生产出了具有规范功能的真理：比如，它们会告诉我们，对于特定性别和年龄的人群来说，正常的体重、血压和性伴侣数量是多少。主体化是通过这些规范的内化而运作的。我们会不断尝试着修正我们的行为，以便接近于正常状态，正是在这一过程中，我们成了特定类型的主体。通过将个体性（individuality）化简为某种公约数——我们所有人都可以被化约为一条曲线上的一个点——各种规范进一步被客观化。

就囚犯而言，规训权力的目的不是要压抑他们的利益或欲望，而是将其建构为正常状态。它并非要让身体遭受外在暴力，犹如前现代的权力折磨达米安的身体那样。强制性权力被内化了，而囚徒自己成了狱卒。在过去，尽管身体也跟权力和社会秩序具有内在联系，但福柯认为，这方面的规训权力基本上是一种新的、现代的现象。跟旧形式的身体强制不同的是，它并非折磨罪犯的身体，而是以更为深刻详细的方式塑造它。罪犯确实内化了权力，对于他/她自己的目标和行为来说，这成为常规。福柯富有诗意地阐述了这一点，他写道，囚犯的“灵魂”——通常被认为是最为本真的部分，实际上是其身体主体化( the subjection of his body )的某种效果。

> 60 为我们所描述的那个人，我们被邀请去解放的那个人，他本身已经处在比他自己要更深刻的某种奴役效果之中。“一个灵魂”居住在他身上，使其得以存在，这本身就是权力对身体施加控制的一个因素。灵魂是某种政治解剖的效果和工具，灵魂是身体的监狱。(《规训与惩罚》，第 30 页）

《规训与惩罚》不仅是对权力、知识与主体之间关系的某种深刻分析和哲学重思，而且还是对我们的各种惩罚实践的某种谱系学批判。它同样源自福柯的个人体验。1971 年，他和他的一些朋友及同事组建了监狱信息小组，该小组的目的是收集关于法国监狱内部难以忍受的状况的信息，尤其是来自一手经验之人的信息，并将其宣传出版。这一目的反映了福柯对于知识分子在政治斗争中扮演何种角色的想法：关键问题不是告诉人们如何做，提供改革建议，而是运用他们显著的和受人尊敬的地位，使人们认识到现实的那些不可接受的层面。20 世纪 70 年代，法国监狱中的警察暴力、死刑和非人状况在法国公共与政治议程中占据着核心位置，不管在监狱内部还是外部，都引发了诸多骚乱和绝食抗议。在这一背景下，人们最初是从当时的政治意涵出发来阅读《规训与惩罚》的。这本书的出版受到广泛宣传，被描述为，通过监狱教育和社工服务发起的“冲击波”( shock waves )。[25]

《规训与惩罚》强有力地例示了谱系学批判的基本特征。它似乎是一种详尽的历史研究，记录了从地牢、公开的酷刑景观到现代监狱机构的发展。它通过展现其

61 历史偶发性和现代监狱运作中的内在矛盾，从而对其发展的必然性提出了质疑。它似乎在避免道德说教式的谈论，而是用纯粹描述性的语言，对现代惩罚实践潜在的和有时明显的合理性进行了分析。然而，其风格和例子显然带有政治意涵和道德价值。比如，福柯顺便提及了法国在 1972 年发生的一次处决。他指出，跟达米安的死刑不同的是，这次处决是秘密进行的：断头台位于监狱高墙之内，对外描述处决现场的任何目击者都会被起诉。20 世纪 70 年代法国的死刑，构成了“法律与其所谴责的那些人之间的某种奇怪的秘密”（《规训与惩罚》，第 15 页）。

福柯指出，他并不想将《规训与惩罚》视为一部批判之作，其批判只是意味着揭发当前惩罚制度的消极层面。

> 我想要揭示对以下观念起到支持作用的那种思想体系和合理性形式，即认为 18 世纪末以来监狱确实是一个社会中惩罚犯罪的最佳手段或最有效理性的手段之一。当改革刑罚体系时，改革者们经常潜

> 在地，有时甚至明确地接受了很久以前被界定和提出的合理性体系，他们只是想要试图发现，什么样的制度和实践能够使他们实现该体系的纲领，达到其目的。而在我看来，这似乎是成问题的。当提出惩罚实践背后的合理性体系时，我想指出的是，如果我们想要改革惩罚体系，那么就需要重新检视思想预设……该合理性体系中的要素，哪些仍然可以被接受？而另一方面，哪些部分应该被弃置一旁，或抛弃不用、修订完善等等？[26]

福柯将其谱系学批判的重要教益总结在了如下观点 62
之中：使某种事物接受批判，首先意味着使其变得可见。只有通过理解我们各种实践背后的内在合理性，我们才有望使其发生实质性的、持久的改变，而不仅仅是将其替换为遵循同样原则的其他措施。对规训权力的分析，可使我们进一步理解现代惩罚制度的强制性措施，理解其运作跟只是以痛苦报复为目的的措施相比，如何有着显著不同的方式以及如何经由不同的合理性。它有效地揭示了当前制度的双重角色：其目的既在于惩罚，又在于纠正，因而同时结合了司法审判和人类学的实践。

福柯认为，精神病学在法律领域中的干预作用始于19世纪，比如，它是惩罚实践的焦点从犯罪转向罪犯这一渐进转变的一部分。“危险的个体”这一新的观念，指的是危险就潜在地内在于他/她个人身上，这意味着惩罚制度的目的不只是惩罚，更重要的是矫正。其目的、合理性或内在逻辑的转变，导致了新类型的监禁制度和实践措施的诞生。如果没有出现一种新形式的技术知识——犯罪精神病学，新的合理性也就不会在现存体制中发挥有效作用，正是犯罪精神病学使人们对犯罪个体本身的、其行动背后的特征的概括得以可能。然而，这也导致了新的、狡猾的支配与暴力形式的出现。

因此，福柯分析惩罚实践的目的并非为了谴责它们。他也并未提出任何具体的替代方案。他只是通过质疑这些实践的合理性，以便激发读者的某种回应。《规训与惩罚》的关键影响在于，它能够以史无前例的程度揭示
63 出在现代惩罚制度中运作的主体化过程。现代监狱不只是通过剥夺囚犯的自由来惩罚他们，而且还生产出违法犯罪的主体，具有某种危险和犯罪本质的人。

# 第七章　被压抑的性态

延续这一讨论线索，我们可以提出一些特定的 64
命题：

第一，权力不是获得、夺取或共享的某种东西，不是一个人持有或允许其溜走的某种东西。权力是在非平等和流动关系的相互作用中从无数点施加而来的。

第二，相对于洽谈类型的关系（经济过程、知识关系、性关系），权力关系并非处于外部的位置上，而是内在于这些关系之中；它们是在这些关系中发生的分工、不平等和不平衡的直接效果，反之，它们是这些分化的内在条件；权力关系并非处于仅仅发挥禁止或陪衬作用的上层建筑的位置；无论它们在哪里发挥作用，都是某种直接的生产性作用。

第三，权力是自下而上的，也即，在权力关系的根基上，并不存在统治者与被统治者之间的二元性和无所不包的对立性，而是作为一种一般矩阵发挥作用——不存在这样的二元性：从上面对越来越有限的群体做出回应，一直到社会有机体的最深处。
65 相反，我们必须假设，在生产机器、家庭、有限的群体和机构中，得以形成和发挥作用的多重力量关系，是贯穿整个社会有机体的那种分裂之所以导致广泛效果的基础。

第四，权力关系是意向性和非主观的。如果它们在事实上是可理解的，这并不是因为它们是另一种可“解释”它们情况的效果，而是因为它们从头到尾都充满了深思计算（calculation）：没有任何权力的实施是没有一系列目的和目标的。

第五，哪里有权力，哪里就有抵抗，然而或者说因此，这种抵抗从未处于外在于权力的位置上。是否应该说，我们经常都“内在于”权力，只是没有“避开”它，就此而言并不存在绝对的外部，因为我们无论如何都受制于法律？或者说，历史是理性的狡计，权力是历史的狡计，赢者总是会出现？这就误解了权力关系在严格意义上的关系特征。它们的存在依赖于多种多样的抵抗点：这些抵抗点在权力关系中扮演着对手、靶子、支点或把手的角色。这些抵抗点存在于权力网络中的任何地方。因此，没有一个伟大的拒绝地点，没有造反精神、叛乱的源泉，或纯粹的革命法则。相反，存在多种多样的抵抗，每种抵抗都是某种具体情况：有的抵抗是可能的、必然的，也有的是不可能的；有的是自发的、野蛮的、孤立的、协作的、猖獗的，或暴力的；还有的是很快就妥协的，有利益牵涉的，或被牺牲了的；根据定义，它们只能存在于权力关系的战略场域之中……[27]

——《性史》

当代最具影响力的权力理论之一，是在《性史》第一卷的三页中，以简短命题形式得到呈现的。尽管福柯

66 在其一生其他时期的很多文章、演讲和访谈中都阐述和发展了他对权力的理解，但是在这些篇幅中提出了他最为关键的思想。《性史》乍看之下似乎相对容易理解，但它充满了欺骗性，实际上很是晦涩难解。正如有关权力展现的命题那样，宏大的理论举措是在很小的空间中快速行进的。

福柯对权力的重新思考，尤其针对的是20世纪70年代的两种主流观念模式，也即自由主义和马克思主义的权力观。问题在于这些理论的“经济主义”——这两个传统都是通过经济模式来看待权力。权力在“自由”或“司法”模式中被视为某种商品，是可以通过商品交换拥有和交易的某种东西。福柯反对这种观点，他认为权力只有在它被实施时才会存在。它不像某种商品，而是某种关系中的一种行动。他还批评了自由主义传统对契约、权利、法律和合法化的过度关注。这一概念框架不可能解释现代权力的微妙运作和复杂机制。规训权力的运作遵循的不是合法和非法之间的二元区分，而是更为微妙的区分，比如按照健康/疾病和正常/反常的轴线来运作。

马克思主义模式将权力关系化约为经济关系：按照经济学术语，将其界定为两个既定阶级之间的某种对立关系。福柯却认为，权力关系构成了贯穿整个社会的某种密集网络，而不是统治者与被统治者之间的某种二元结构。比如，按照一般化的资产阶级及其利益的公式来看的话，意味着将权力关系的多重性和多样性简化为两个阶级之间的简单对立。我们的出发点不应该是寻找某种权力中心或者发挥统治功能的个体、制度或阶级，而是应该建构一种聚焦于各种枝节的“权力的微观物理学”( microphysics of power )：家庭、工作场所、日常实践和边缘机构。我们必须从下而上而不是从上而下地分析 67
权力关系，去研究主体在各不相同但又彼此交叉的各种网络中是如何以多种多样的方式得以构成的。

尽管权力分散在贯穿整个社会的各种相互交织的网络之中，但它仍然拥有合理性，拥有一系列目的和目标，以及达到它们的各种手段。这并非意味着任何个人主体有意识地制定了它们。正如全景敞视监狱的例子所表明的，权力的运作通常遵循的都是某种明确的合理性，该合理性跟站在塔上看守监狱的任何个人的意图和动机没有关系。任何个体几乎都可以随机地运作该系统：牢房的空间组织确保了持久的可见性，并将这一点灌输到了囚犯的自我意识之中。同样，没有任何个人在指挥某个社会中运作的、复杂的权力关系网络。诸如狱卒等看似掌权的人和那些被看守起来的人一样，都陷入到了权力网络的合理性之中。他们的行为都受到了规制，在很大程度上被那些他们并未制定，甚至也不一定会意识到的各种实践规则所决定。

然而，权力并未构成一种受到过度约束的决定论系统。因为它被视为一个不稳定的实践网络，哪里有权力，哪里就会有抵抗。抵抗是这些实践及动力过程的组成部分，因而永远都不会处于外部位置。就像没有任何权力中心一样，外面也不存在任何抵抗中心。相反，抵抗就内在于权力关系之中，它是"权力关系中的奇数项（the odd term）"（《性史》，第 96 页）。权力关系尽管渗透在整个社会中，但在有些区域可能更为密集，而在其他区域可能不那么密集。

所有权力关系在质上（qualitatively）并不是完全相同的。在后来的一次访谈中，福柯区分了他所谓的个人的策略关系与支配状态（states of domination）之间的不同。[28] 策略关系指的是个体试图决定他人行为的方 68
式，它们无论如何都并不必然有害。福柯以师生关系为例进行了说明。这显然是一种权力关系，在这种关系中，老师试图决定学生的行为。只要他们的关系以相互认同和可推翻的为基础——比如学生有能力对老师的表现作出评价，似乎就没有任何抵抗的理由。

另一方面，支配状态指的则是个体不能推翻或改变权力关系的情况。尽管权力关系基本上是流变的、可推翻的，但它们通常的特征是其会通过各种制度而逐渐稳定化。这意味着，它们的流动性是有限的。由于会被制度化，它们是难以被推翻的据点。换句话说，人们之间的策略关系变得日益固化。在这种情况下，我们应该努力发展各种抵抗形式，以便将支配关系转变为策略关系。

因此，尽管难以走出被权力关系所结构化的社会场域，但仍然有可能在其中实现变化：使主体从支配状态中解放出来，使他们处于权力关系可以互换、多元，并允许采取策略改变它们的某种状态之中。福柯甚至进一步将这一点视为一项明确的任务。

> 如果你把它们理解为个体为了决定他人的行为而努力采取的行为方式，那么，我不相信会存在任何没有权力关系的社会。问题不在于在交流完全透明的乌托邦中努力消解它们，而在于给一个人的自我，提供法律准则、管理技术，以及伦理、气质、自我实践，从而使权力游戏在最低限度的支配下玩下去。(《自我关怀伦理作为一种自由实践》,第 18 页)

从权力中不可能有完全的解放，但从不同的支配状
69 态中，仍然可以并且也将会有“特定的”解放：从压制性的权力关系和特定的规范化技术效果中解放出来。

福柯有关权力的各种命题仅仅被他视为某种概念工具，以便重新思考该书的核心议题——性态。《性史》第一卷的主要目的是重构性态与权力之间的关系：权力不是压制自然性态（natural sexuality）的展现，而是派生出了它们。第一卷是对总共有七卷的一整套著作的导言。剩下的六卷从未全部完成，但是，不到 200 页的导言在根本上改变了我们对于性态的观念。

该书首先拒绝了“压抑性假说”，该假说认为在维

多利亚时期性态受到压抑，性话语保持沉默。福柯认为，现代社会对于性的态度主要不是压抑，而是使性态成为一种新话语——医学的、司法的和心理学的知识话语——的对象，而关于性态的话语实际上是不断增加的。性态与真理有千丝万缕的联系：这些新话语通过性态，而能够向我们讲述有关我们自己的科学真理。

因此，性态就成为一种基本的建构，不但决定着一个人的道德价值，而且还决定着他 / 她的健康、欲望和身份 / 认同（identity）。主体还必须通过坦白他们的性态细节，来讲述关于他们自己的真理。福柯认为，现代性态的特征是宗教性忏悔 / 坦白技术（techniques of confession）的世俗化：一个人不再向牧师，而是向医生、治疗师、心理学家或精神病学家坦白其性欲的细节。

> 19 世纪浮现起来的社会——不管你称之为资产
> 阶级、资本主义还是工业社会，对待性的态度并非
> 在根本上拒绝承认。相反，它投入使用的是可生产 70
> 出有关性的各种真正话语的一整套机制。它不但谈
> 论性，而且迫使每个人都要这么做。它还着手制定

了有关性的统一真理。(《性史》,第 69 页)

尽管该书是对现代性态在 19 世纪浮现出来的一项历史研究,但需要再次强调的是,福柯的目标是当代观念。20 世纪 60 年代和 70 年代有关性态的主流观念是,所有人仅仅由于他们都是人而共同拥有一种自然而健康的性态,而这种性态在当时受到资产阶级道德、资本主义社会—经济结构等文化禁令和习俗的压抑。被压抑的
71 性态是各种神经症的原因,因而拥有一种积极而自由的性态度至关重要。于是,有关性态的流行话语热烈地呼吁性解放:我们必须把我们真正的性态从权力的压抑机制中解放出来。

福柯挑战了上述观念,他表明了我们对于性态的观念和体验在事实上如何经常是特定文化习俗和权力机制的后果,不能独立于它们而存在。就像精神疾病一样,性态仅仅存在于某个社会之中。解放我们被压抑的性态这一使命在根本上是误导性的,因为并不存在任何有待我们解放的本真的或自然的性态。让自己从一套规范中解放出来,仅仅意味着用不同的规范取而代之,而事实

将表明，这后来居上的规范跟此前的规范一样是律令性和常规化的。他嘲讽性地写道：令人讽刺的是，我们对于性态的无尽痴迷，是因为我们坚信，它与我们的解放具有某种关系（《性史》，第 159 页）。

为了挑战公认的性态与压抑性权力之间的关系，福柯不得不重新构想权力的本质。他的主要观点是，权力在根本上不是压抑性的，而是生产性的。其运作不是压抑和禁止某种自然性态的真正的、真实的表现。相反，它是要通过文化规范性实践和科学话语，生产出我们体验和构想性态的方式。权力关系是我们性认同的“内在条件”。

福柯在《性史》的结尾部分引入了深具影响力的生命权力（biopower）的概念。它进一步说明了生产性而非压抑性权力的观念。生命权力不是压抑性或破坏性的，而在本质上似乎是保护生命的。它关注的是个人身体和总体人口的健康：比如，它引发了对于繁殖、生育和死亡率，以及健康水平和预期寿命的政策控制。生命权力尽管明确地关注健康和福祉，但它是一种极其有效的社会控制形式，对个体从生前到死后的生活都保持着控制。

生命权力的一个例子不是监狱、劳改营等压制性机构，而是诸如妇产科诊所这样的照顾性场所。妇产科诊所的明确目标是母亲和婴儿的健康，但它们还有着更成问题的目的和后果，比如怀孕的医疗化、对于家庭生活的社会控制的增强。医学专家越来越介入此前被视为私人性的生活体验和生活领域之中。比如，决定如何分娩的权力已经从孕妇转移给了医学专家。

福柯对生命权力作为一种特别具有现代性的权力形式的分析，预示了当今社会对于医学干预的批评：越来越多的、越来越大的生活领域被医学化了，日益受到生命科学的控制。他并未对医学化给予明确的评判，但是他揭示了医学化何以得到发展的理论基础和历史过程。生命权力观念强调的是，生命科学知识作为一种重要的权力工具发挥作用的方式，以及它如何支撑现代社会对人们的社会 – 政治控制。

# 第八章　一种真正的性

我们真的需要真正的性吗？以其对牢固界限的 72
不断坚持，现代西方社会已经对此给予了肯定的回答。他们固执地将“真正的性”这一问题引入某种事物的秩序之中，在这种秩序中，人们也许会认为，所有事物中最为重要的是身体的真实性以及身体快感的强度。

然而，在很长时间内，人们并未提出这一要求，医学和法律赋予双性人之地位的历史也证明了这一点。确实，经过特别长的时间，人们才提出了双性人必须有某种性（某种单一的、真正的性）的命题。几个世纪以来，人们都认为双性人有两种……

生物学的性理论、司法上的个体观念、现代国家的行政控制形式，渐渐地拒绝了同一身体混合双性的观念，结果也就限制了不确定个体( indeterminate individuals ）的自由选择。从此以后，每个人都有且只有一种性。每个人都有他 / 她的主要的、深刻的、决定的和决定中的性认同。至于可能出现的其他性的因素，只能被视为偶然的、表面的，甚至只是幻觉的。从医学角度看，这意味着，当面对一个双性
73 人时，医生不再关心如何辨别两性的存在、并置或混合，或辨别哪一种占据上风，而是解读出隐藏在模糊外表背后的真正的性。他似乎就像是剥掉身体上的解剖学欺骗，发现器官背后的真正的性，而器官可能会采取异性的形式。对于一个知道如何观察和检查的人来说，这些性的混合不过是本性的伪装( disguises of nature ): 双性人经常都是“假双性人”。这种论点至少在 18 世纪，经由一些特定数量的重要而激烈争论的案件，而获得过信任……

我注意到，19 世纪和 20 世纪的医学矫正了这种过于简化的归纳中的很多东西。今天，没有人会

> 说所有的两性人都是“虚假的”，即使人们大大限制了某个领域，在该领域中，很多解剖学的异常此前是不受歧视地被承认的。人们还一致认为，尽管非常困难，但一个人还是有可能采取一种跟其生物学特征不同的性。
>
> 然而，一个人确实必须拥有一种真正的性这种观念，还远远没有被完全消除。不管生物学家对此有何看法，在性与真理 / 真相（truth）之间存在着复杂、模糊而根本的关系——至少是一种弥散的状态，不仅在精神病学、心理分析和心理学中，而且也在当前的舆论中。[29]
>
> ——《双性人巴尔班》

埃尔屈利纳·巴尔班是一个生活在19世纪末期的双性人，当时有关性和性态的各种科学理论正日渐盛行。她出生时被视为女性，但成年后又被划分为男性。然而，
她 / 他难以使自己适应新的身份 / 认同，于30岁时自杀。 74
她 / 他留下了自己的回忆录，讲述了自己的悲惨故事。福柯在公共卫生部档案中发现了这个故事。他编辑出版

了它，并为其撰写了导言。

福柯的导言虽然很短，但意义重大。他是从我们是否确实需要一种有关真正之性（true sex）的观念的角度，提出关于双性人的问题的。他以一个双性人为例，揭示出我们的思想中深深地隐藏着这样一种观念：每个人都具有一种确定性的、自然而然给定的性；我们真正的性是我们的行为的原因，也是我们那些可以被观察到的性特征的原因。真正的性决定了个体的性别/身份认同（gender identity）、行为以及对于异性的欲望。双性人的故事表明，我们的身体中并不存在真正的性：相反，这种观念是科学话语和司法程序发展的产物。

福柯指的是中世纪，当时通常认为双性人是结合了男性特征和女性特征的人。当个体达到法定年龄，他/她可以选择保持哪一种性别。这一观念被有关性的科学理论所取代，这些理论的发展，与司法概念和司法实践日益跟一种真正之性的观念相关联的过程同步。每个人都只有一种真正的性，而这是由专家最终决定的。在一个人的身体和灵魂中，所有异性特征都被认为主观任意、想象虚构或表面肤浅的。真正的性进一步决定了一个人的性别角色，他/她应该以此为基础承担其道德责任。作为辨识这种真正的性的专家，医生不得不“剥离充满解剖学欺骗（anatomical deceptions）的身体，发现身体器官背后的、可能赋予其异性形式的真正的性”。

福柯延续了他在《性史》最后所提出的问题，也即，
我们是否能够找到一种有关性的科学的客观真理。他发
明了一个想象的对手，该对手认为福柯的《性史》仅仅
只是主张性态的文化建构，因为他未能“在生物学意 75
义上确立性功能的存在，只是服务于那些多变的或许还
是次要的，最终是肤浅的现象”（《性史》，第150—151
页）。这个想象的批评家提出了一个有关性态在身体中
是否拥有自然而必然之基础的问题：即使性态的表现是
文化建构的、可变的，但在身体中仍然存在某种生物学
基础，它是一种无法随意改变的前文化性和具身性的给
定（givenness）。

福柯对该对手的回应，首先是否认他对性态的分析意味着“对身体、解剖学、生物学和功能性的忽视”（《性史》，第151页）。相反，最需要的是一种能够克服生物学/文化差异这种区分的分析（《性史》，第152页）。其次，

他驳斥了这样的观点：认为性是给定的、生物学的基础，因而不受权力的影响。某种自然的、基础的性这种观念本身就是规范性的、历史性的建构，它在功能上是生命权力的一种重要的锚定点。“性”是一个人性别认同、性认同和性欲之科学的、真正的基础这种观念使其得以有效地对性行为和性别行为予以规范化。如果一个人对自己真正的性具有科学的知识，那么，就可以通过将其区分为“正常”或“不正常”，来对其性行为和性别行为进行评估、病态化和矫正。

福柯的目的是要研究关于“性”的科学观念是如何在各种不同的权力策略中得以出现的，它在其中扮演着什么样的角色。在一段经常被引用的段落中，他写道：

> 我们绝不能错误地认为性首先是一种自主作用，然后对性态与权力接触的整个表面产生多种影响。相反，由于权力对于身体及其物质性、力量性、能量、感觉、快感的掌控，在权力所组织的对性态的调用中，性是最为投机的、最理想的和最内在的要素。(《性史》，第 155 页)

福柯认为性是想象的，并不是说现实中就没有男 76
性和女性。他是试图使关于性态与性别的某种特定类型的解释框架予以问题化，这种解释框架将性视为对这些看得见的效果起到支持作用的某种基础，或看不见的原因。福柯通过揭示这种思想形式的历史发展，而对自然的、科学界定的真正之性这种观念给予批判性评估。他并不是要说，被理解为男性特质和女性特质两种范畴的性是在特定历史时期被发明出来的，因而只要愿意，我们就可以放弃它。相反，他分析的是这些范畴在真理话语中被科学地确立和解释的方式，以及这种“纯粹”解释实际上是如何创造了这些范畴，以至于可以将其理解为“自然而然的”。对于性认同和性别认同而言，性作为某种自然和必然之基础的科学呈现，在构成“正常的”男人和女人的权力 / 知识策略中具有某种规范性功能。

于是，福柯在《性史》中的目的不仅是要将性态 77
历史化，也是要将性历史化。这一思想深刻地影响了女性主义理论。美国哲学家朱迪斯·巴特勒曾经有效地借用福柯有关主体、权力和性的思想，去分析性别化主体（gendered subjects）的问题。她认为，在性别认同背后，并不存在任何真正的性，可以作为客观原因和生物基础。相反，性别认同是在权力和知识网络中被建构出来的某种规范性和规制性的理想。个体的性别展演（performance）就是通过重复行为而接近这一理想。尽管他们的行为被视为其性所导致的不可避免的、自然而然的后果，但是巴特勒认为，它实际上是某种展演，没有任何自然的、基础性的原因。比如，女性的行为并不是某种真正的、基础性的女性的性所导致的后果，反过来才是真实的：某种真正的、基础的女性的性，是女性行为的后果。某种稳定的性别内核这种观念是一种通过持续不断的展演而得以维持的虚构。[30]

福柯不仅影响了女性主义思想家，他有关性态和性的观点还影响了很多同性恋活动家和知识分子。美国的一位性态研究理论家戴维·哈尔柏林写道，福柯对性态的去自然化，导致科学专家在“不正常”主体的权力上日益受到批判。这种批判性视角的政治意涵对“女同”和“男同”来说从未消失。他们对于有关性态的专家话语——精神病学、性学、犯罪学和社会科学的病态化、犯罪化和道德化话语，拥有太多负面的一手体验，以至于难以相信这些话语。[31]

在有关同性恋的构成是社会性的还是生物性的这一问题的经验争论中，尽管福柯实际上并未占据什么位置（他在其著述和访谈中也很少谈论自己的同性恋身份），但是他的生活和工作对有关“男同”和“女同”研究的学术学科（the academic discipline of gay and lesbian studies）产生了某种深远的影响。他的性态观念在很大程度上奠定了一种看待性态的新的理论取向，被称为酷儿理论（queer theory）。福柯在《性史》中简洁地分析了导致“同性恋”身份得以出现的历史发展过程。19世纪新的科学分类和对边缘性行为的迫害，迫切需要对人们形成一种新的规范性要求。尽管鸡奸曾是一种违禁行为，其肇事者不过被视为违禁之人，但同性恋成为“一种角色，一种过去，一种案例史，以及一种童年。除此以外，它还是一种生活，一种生命形式，一种形态学，具有不严谨的解剖结构和可能很神秘的生理学”。同性恋者完全是根据其性态来被界定的，其性态被视为用于解释其整个人格和所有行动的隐蔽原因以及根本原则。

正如福柯所言，“鸡奸是一种暂时的偏差；而现在同性恋则被视为一个物种（species）”（《性史》，第 42—43 页）。他深具影响力的观点是，“同性恋者”并不是对于某种自然存在（a natural kind of being）的命名。它是一种
78 被特定权力关系所形塑的某种话语建构，但被视为一种自然的、科学的客观范畴。

在关于性态的酷儿观念（the queer conception of sexuality）背后是这样一种主要思想：“男同”“女同”以及异性恋者的身份认同不是自然的、必不可少的，而是通过各种规范性话语和权力关系而被文化性地建构起来的，这种规范性话语和权力关系规定了何为“健康的”“正常的”性态。这并不意味着同性恋不是“真实的”存在。仅仅因为某些东西是被建构的，并不意味着它就是不真实的。人是被界定的，他们必须按照这种建构来思考和生活。然而，性政治（sexual politics）的目的不只是找到一个人的真正身份，并接纳和表达出来——“出柜”，因为这种身份是通过它想要挑战和反抗的压制性权力关系而被建构起来的。

跟只是从权力中解放出来、肯定一个人的同性恋身

份相比，酷儿政治（queer politics）的目标要更为复杂：对于施加到我们身上的各种身份，我们必须通过使其文化建构和其对于社会中运作的权力关系的依赖变得可见，而对其予以质疑甚至否定。不是要按照男和女、异性恋和同性恋这样的稳定的二元对立范畴来思考，而是应该研究它们的构成，分析性态是如何成为一种仅仅与它们有关的复杂建构的。异性恋和同性恋这种二元范畴是憎恶同性恋的权力关系的结果，就像男人/女人是某种男性至上的社会（sexist society）的概念化。在这两个例子中，二元范畴的第一个词指的都是规范的、优势的、没有问题的一方，而第二个词指的则是偏差，也即不同于规范。性认同和性别认同的建构并非政治中立和自然差异的，而是反映着社会中权力关系具有相互排斥性和高度规范性的术语。

由此可见，我们还必须发明一种新的策略，以抵抗
男性至上的、异性恋的实践和思考方式。福柯强调，同 79
性恋运动所需要的是“更多的生活艺术，而不是关于什
么是性态的某种科学或科学知识（或伪科学知识）”。

> 我们必须理解，关于我们的欲望，通过我们的欲望，去探寻新的关系形式、新的爱的形式、新的创造形式。性不是一种宿命：它是一种创造生活的可能。[32]

酷儿政治经常会对我们的身份和身份范畴，采取创造性借用、扩散性增殖、戏剧性地重新赋予意义（re-signification）等形式。性态应该被视为一种提供生活实验和多重快感之可能的实践或存在方式，而不是我们必须揭示出有关它的真理的某种心理条件。它应该从个体病理学和真正身份的领域，转到创造性政治（creative politics）和个人实验（personal experimentation）的领域。

# 第九章　政治权力、合理性和批判

我相信，从15世纪开始，在宗教改革之前， 80
可以说已出现了一种治理人的艺术（the art of governing men）的真正爆发。这种爆发是以两种方式发生的：首先是跟宗教中心有关的转移（如果你愿意，也可以称之为世俗化治理人的艺术）和治理的方法这一主题在市民社会中爆发出来；其次，这种治理艺术扩散到了各种各样的领域中——如何治理儿童，如何治理穷人和乞丐，如何治理家庭、房屋，如何治理军队、不同团体、城市、国家，以及如何治理一个人的身体和心灵。我相信，如何治理是有关15、16世纪所发生之事的根本问题之一。在“治理”这一词当时的广泛意义上，不断增加的所有治理艺术——如果你愿意，可称之为教育的艺术、政治的艺术、经济的艺术——和所有治理机构，所要回答的正是这一根本问题。

因此，这种治理化，在我看来似乎是16世纪西欧社会的典型特征，不能跟“如何不被治理？”这一问题分开。我并不是说，治理化与某种表述相反的对峙观点相对立：“我们不想被治理，我们根本
81 不想被治理。”我的意思是，在这种对治理方式的极力关注和对治理方式的努力寻求中，我们可以看到其中存在一个永恒的问题：“如何不被以那些原则的名义，怀着心中的某种目标，通过这样的程序，而被治理？也即，不是那样，不是为了那样，不是通过那样。”如果我们赋予这种对社会和个体的治理化运动以历史维度和广度（我认为它已经具有），那么，我们似乎就可以在其中找到我们称之为批判态度的东西。与它们相对并作为其补充，或更准确地说，既作为治理艺术的伙伴也作为其对手，在当时的欧洲诞生了一些东西，抵抗和挑战、限制和评判这些

> 治理艺术，转变它们，找到某种方式避开它们；或者无论如何，带着基本的不信任态度用某种方式取代它们，但也因此而成为治理艺术的一种发展线索，一种普遍的文化形式，既是某种政治态度也是道德态度，还是某种思考方式，等等；我只是非常简单地称之为不被统治的艺术，或者恰当地说，是不像那样、不以那种代价而被统治的艺术。因此，作为对批判的一种非常初步的界定，我将提出如下一般特征：批判是不被治理到如此程度的艺术。[33]
>
> ——《什么是批判？》

从 1970 年起，直到 1984 年去世，福柯一直担任法国最著名的学术机构法兰西学院的思想体系史（the history of systems of thought）教授。跟其他学术机构不同的是，法兰西学院对其成员没有文凭要求，也不给学生授予学位。担任教席的教授被期待着通过一系列年度讲座，讨论他们正在从事的研究，这些讲座向公众开放，无须注册。由福柯主讲的 13 次年度系列讲座，在法国学术界是名副其实的大事件：大量听众挤满了法兰西学

82 院的两个演讲厅。正是在这里，他发展了他的很多思想，这些思想后来又在他的著作中得到阐述，但这些讲座不仅仅是其著作的大纲或草稿。它们包含了很多福柯从未以书面形式发表过的资料，因而在他的全部作品中具有相对独立的地位。

1978 至 1979 年期间，在《性史》第一卷出版后的系列讲座中，福柯将其关注焦点转向了治理和治理术研究（the study of government and governmentality）。[34] 在 1978 年的系列讲座中，他分析了治理艺术的发展历史，从古希腊和罗马时期经过基督牧师的指导，到国家理性和警察科学的观念。在 1979 年的系列讲座中，他讨论了自由主义和新自由主义形式的治理术。尽管完整的系列讲稿最近才得以出版，但福柯在其中所发展的各种思想启发了很多开创性的研究，尤其是在政治和社会科学领域。

尽管在历史上，治理指的是一系列广泛的实践，从治理儿童到对灵魂的宗教指导，但在现代国家的脉络下，它采取了治理某类人口的形式。他试图在讲座中展示这一历史发展过程，也即“现代国家的谱系”或“治理术的历史”。通过某种历史分析，他想要阐述和揭示的是在现代国家权力的实施中，得到运用的特定类型的政治合理性和权力技术的发展。

现代形式的治理对象，不是管理某一领域及其居民，而是某种人口：统计分析和科学知识的对象，具有其自身的内在规律性。要治理它，就需要特定的知识形式。比如，必须知道该类人口的死亡率、出生率、患病率、预期寿命、劳动能力和财富状况。人口及其福利既是治理技术的干预领域，也是治理合理性的最终目的。治理
术指的是这种基本上现代的、复杂的、以人口为焦点的 83
权力形式是如何发展起来的：它是通过行政机构、知识形式以及各种明确的战略和战术而得到实施的。与其说政治权力采取主权（sovereign power）形式——个体或共同的主权者通过法律工具来统治司法主体——不如说我们生活在一个由复杂的管理和行政机器通过各种政策和策略治理人口的社会中。

福柯的分析表明，现代治理的合理性具有两个主要特征。一方面，现代国家发展的主要特征是政治权力的集中化：一个具有高度组织化的行政和官僚体制的中央

集权国家已经形成。尽管这一特征通常都已在政治思想中得到分析并且受到批评，但福柯还指出了第二个特征的演变，这个特征似乎是与政治权力集中化这一趋势相悖的。他指出，现代国家的特征在于个体化的权力——或者如他自己所谓的牧师权力（pastoral power）。他用这一概念要表明的是，权力技术的发展趋势是个体试图以某种持续的、永久的方式来管理他们自己的行为。其目的是持续不断地确保、维持和改善每个人的生活。这种权力依赖的是有关生活每一层面的个体化知识，其功能运作是通过对个体的政治控制而实现的。

这种个体化的权力与集中化的目的相互交织在一起。国家必须关照鲜活的存在，将其理解为某种人口。它必须关注其人民的生活和健康，因而福柯将这种政治称为“现代国家的生命政治”（the modern state biopolitics）。结果是，国家日益干预个体的日常生活：他们的健康、性态、身体和饮食。

福柯的观点是，为了从控制人们行为的广泛意义上理解治理实践，我们不得不研究各种权力技术，以及
84 支撑这些权力技术的政治合理性。治理的实践和机构是

由特定形式的理性（reasoning）或合理性（rationality）所促成、规制和正当化的，正是此种理性或合理性界定了这些治理实践及机构的最终目的和适当手段。正如福柯经常指出的，将权力理解为一系列关系，意味着去理解这些关系是如何被合理化的。这意味着去检视各种形式的合理性是如何将自身铭刻在各种实践和实践体系中的，以及它们在其中扮演什么样的角色。

在福柯的讲座中，论述和分析治理合理性的历史变化是其关键目的之一。比如说，他认为在政治哲学内部是有可能对不同的政治合理性进行分析的，就像在科学哲学内部有可能对不同的科学合理性进行分析一样。于是，对政治权力的分析不应该仅仅关注政治理论、政治选择或政治制度，或者关注掌控它们的那类人，而且还应该纳入那些赋予特定政治合理性以形式的具体实践。福柯分析的目的不是要对最佳形式的政府 / 治理进行论证与合法化，而是分析历史上不同治理实践的内在合理性。

然而，对治理术的分析不能完全取代对权力的早期理解。福柯仍然认为，在一个既定社会中，人对人进行治理的形式是多种多样的，不能简化为各种政治制度或某个单一的、总体上的政治合理性。必须予以分析又予以质疑的是，历史上内在于各种实践之中的特定合理性。在此，他仍然使用的是曾经使用过的分析方式，这种分析方式他曾用于分析在特定的地方性机构 / 制度（institutions）中的个体主体脉络下的权力技术和权力实践：实践相对于机构 / 制度的优先性仍然至关重要。

在分析规训权力的过程中，福柯将其重点从压制性机构转向了生产性实践。现在，他正在尝试从聚焦于国
85 家制度的某种理论，转到对现代治理实践的分析中。他批评了政治思想中存在的妖魔化国家的趋向，这种趋向将国家视为简单的敌人和所有政治问题的根源。国家不仅对社会机体（social body）施加压制性的、消极性的权力，而且还是一种历史性的“治理”形态，反映了治理实践之合理性的变化。

同时，福柯对治理术的分析还为他的权力观增加了某些新的重要层面，这一点经常被人们所忽视。首先，他对规训权力的分析尽管被限制在专门化的机构脉络之中，但是权力作为治理的观念将其对权力的理解范围扩

展到了国家领域。有了治理概念，他就可以研究更大的、策略性的问题，而这些问题是其“权力的微观物理学”所不能处理的，“权力的微观物理学”是对以个体行为为焦点的权力形式的某种检视。通过研究现代国家权力，他能够将其对权力的理解，转移到传统上被视为政治的领域之中。他早期对规训权力的分析尽管为政治思想提供了一些有趣的路径，但一种常见的批评是，对特定实践和特定技术的关注，使其未能处理好牵涉在政治之中的更大的权力议题。他关于治理术的讲座可以视为对这些反对意见的某种回应。

其次，正是通过“权力作为治理”的观念，福柯才能够阐述其对抵抗的理解。因为治理指的是策略性、规制性和理性化的权力模式，它必须通过知识的形式和特定的真理宣称来予以正当化，于是，批判作为某种抵抗形式的观念现在就变得至关重要。治理不是在身体层面上决定被动对象的行为。治理是要向被治理的对象提供理由，说明他们为何应该按照指示行事，而这意味着他们还可以对这些理由提出质疑。

1978 年 5 月，在为法国哲学学会准备的《什么是批

判？》的演讲中，福柯将“如何治理”的问题与西方政
86 治思想及实践中经常与之互补的另一问题联系在一起，也即，如何不被治理，或者更好的表述是如何不被那样治理。他清楚地表明，他指的不是那种绝对地、不顾一切地抵制任何治理化的根本上的无政府主义，而是试图指出一种既对其保持批判同时又与之同步发展的特定态度。正是对于各种治理形式的批判性态度，支撑着政治批判性的实践。

权力与知识之间不断变化的关系——真理政治——通过将它们对于事物秩序的表征视为真实，而规制着政治体制使其自身正当化的方式，并使其他政治安排黯然失色。于是，抵抗并非权力实践中的盲点，而是构成权力关系正当化的知识实践的一个重要层面。批判性实践必须质疑以如此方式进行治理的理由：治理的正当原则、程序和手段。

然而，福柯有关治理术的讲座似乎避开了政治批判。他讨论了有关牧师权力和国家理性的历史文本，认为这标志着尤其具有现代性的治理形式的出现。但是，他并未提出任何明确的政治批判。他还指出，现代国家

既是个体化的又是总体化的——政治权力是集中化的但落实在个体身上，因而仅仅批判这些效果中的一个是不够的。以个人及其利益与之抵抗，跟以共同体及其要求与之对抗一样，都是危险的。相反，我们必须揭露和批判现代国家各种权力关系背后的政治合理性，正是它导致了这些效果。“解放不仅源自攻击这些效果中的某一种，而且源自攻击政治合理性的最根源之处。”[35] 因此，福柯所倡导的政治批判不能简化为做出判断。我们必须质疑我们的治理实践，以及那些术语和范畴——评估框架——我们需要经由它们来表述政治判断。

政治批判及其限制因素一直是批评福柯的评论者们 87
经常提及的一个争议性的话语。他们认为，尽管福柯有其明确的意图，但他的思想还是由于缺乏在哲学上进行明确阐述的规范性基础，而使其不可能做出政治批判。为了批判现代的权力形式，我们必须给出可接受的理由，来说明这些权力形式为何是令人难以容忍的。这些理由构成了批判的规范性基础：比如，我们可以认为，人类应该自由地做出有关健康的选择，因而限制这种自由的生命权力的形式就是缺乏基础支撑的。福柯并未向我们提供这样的理由，反而向我们提出了问题：我们究竟为何应该将其对现代社会的描述视为批判？

在这些批评者中，最为著名的便是德国哲学家、法兰克福批判理论学派最重要的在世代表人物，尤尔根·哈贝马斯。他认为，根据定义，批判就意味着做出评价性宣称，如果受到质疑，则必须诉诸有效理由（valid reasons）来证明这些宣称是正当的。然而福柯不能诉诸理由 / 理性（reasons）来使其宣称正当化，因此，他只能摆出一副现代社会批评家的姿态。比如，在告诉我们为何应该抵抗既个体化又总体化的国家权力时，他必须倡导某种类型的积极价值或权利，比如人类自由和政治自主。

自从 20 世纪 70 年代晚期以来，“哈贝马斯主义者”（Habermasians）和“福柯主义者”（Foucaultians）一直争论不休，由此产生的文献非常广泛。正如许多评论者所指出的，这一争论一再陷入僵局，以误解和歧义而终结。从福柯主义者一方来看，克服僵局的方式之一就是重新界定什么是批判，否认批判就是做出判断。福柯自己曾写道：“一种批判并不在于指出事物不如其设想的那么美好。而在于揭示，公认的各种实践是以何种类型的理论预设、熟悉的观念、既定的未经检验的思考方式为基础的。”[36] 他试图诊断我们的当下、我们的政治合理性、 88
规范化的主体形式，以及生产出它们的那种权力安排。因此，他打开的是这样一块政治化的空间，它没有规定明确的政治纲领，但有可能对人们所公认的必然性提出挑战。

正如我前面指出的，我们也可以将福柯的谱系学视为这样一种尝试：它不是要通过有说服力的、理性的论据来说服我们，使我们认识到当前的某些事情是令人难以忍受的，而是要展现出这一点。没有明确阐述规范性基础，但这并不意味着它就不存在。谱系学可以扩展我们的视野，看到对当前实践进行政治批判的必要性以及实现转变的可能性，但批判和转变并不会从谱系学中自动产生。福柯欣然赞同，需要政治批判和行动来填补空隙，让谱系学打开的各种可能性转变为现实。不过，政治并非哲学家的舞台。福柯在不同的语境下都表示，具体的抵抗必须是由相关人员来领导，他的思想最多可以为发动这些局部抵抗提供工具。

在我们试着评估某种谱系学批判的可能性时，我们还必须认真看待福柯赋予启蒙的重要性，他将其视为西方思想和政治史上的一个不可逾越的事件。其讲座《什么是批判？》（1978）开启了对于启蒙之意义的一系列质询，并为其《什么是启蒙？》（1984）这一重要文章铺好了道路。该文的出发点是伊曼努尔·康德1784年为回应“什么是启蒙？”这一问题而撰写的一篇简短的报刊文章。在福柯看来，这一看似微不足道的文本，标志着一种新的哲学反思的形式小心谨慎地进入到了思想史之中，也即对于我们时代的永久批判。它倡导的是启蒙运动的箴言——敢于认识（dare to know）——一种对自由地使用理性的承诺。尽管哈贝马斯仍然对福柯的方
89 案持有深深的怀疑态度，但福柯认为自己跟法兰克福学派有着相同的批判性的、历史性的思想形式。对他来说，启蒙运动开启了一种批判性的哲学传统，“从黑格尔出发，经由尼采和马克斯·韦伯，到法兰克福学派”奠定了他用于定位自己的那种反思形式。[37]

从权力的权威性效果中解放出来的自由理念，是启蒙思想的一个重要组成部分，它为后来法国大革命所

代表的那种解放政治传统铺平了道路。然而，福柯因为明确反对启蒙解放的普世主义话语而声名狼藉：没有任何内在固有的人类本性，可以为人类对自由、平等的要求提供正当性，或者确保进步的可能性。此外，启蒙人文主义不是吸纳了旨在生产现代个体性形式（forms of modern individuality）的伪装的规训权力，便是促成了对边缘群体和个体的支配。因此，他直接将自己置于启蒙哲学传统之中并忠于启蒙箴言的文章，使很多读者惊讶不已。

在他后期的文章中，他通过将自己的思想与启蒙联系起来，而迈出了重要的规范性步伐，也即采用与之相关的理念——批判性理性和个人自主，将其作为他对支配、滥用权力和理性进行批判的隐性基础。启蒙理念为他提供了历史性的而非普世的、永恒的价值，正是这些价值为其批判奠定了基础。跟康德不同的是，他认为自由不是一种抽象的、普世的理念，而是某种特定历史发展的后果：这是历史学和社会学的事实。他对支配形式和政治合理性展开哲学批判的基础是假定了人对自由的渴望，但这种自由的理念并不是永恒的、普世的。它是

从历史性的具体而特定的实践中产生的，并且也只能从
它们中产生。在任何前启蒙传统中，都找不到现代意义
90 上所倡导的政治自由，它是某种特定的、历史性的思想
传统的产物——启蒙运动，我们无论如何都是其中的一
部分。

共享自由理念意味着对于某种历史传统的承诺，在如今的西方，我们正是根据这一传统，思考人类的生活和政治。福柯并未倡导普世的政治纲领或做出明确的道德判断，但这并不意味着他的分析就是非批判性的。通过揭示政治合理性的特定形式和相应的主体形式是约束性的，同时也是历史偶发性的，他的分析可以被视为积极倡导朝着“自由”方向的政治变革。尽管必须根据地方的、局部的转变而非普世的政治纲领来理解这种变革,但其思想远非政治虚无主义。对我们的限制（limits）的分析，就是对自由的分析。

# 第十章　自我实践

至于我的动机，它十分简单；我希望在某些 91
人看来，它本身就足够充分了。正是好奇心——无论如何，只要有好奇心，就足以使我坚持不懈地去行动：不是试图吸收适合自己知晓的东西的那种好奇心，而是使我们解放自己的那种好奇心。毕竟，如果只是导致某种程度的知识渊博（knowledgeableness），而不是以这种或那种方式，使求知者尽可能走出其自我领地的话，那么，求知的激情（the passion for knowledge）又有什么价值呢？在生活中，如果我们想要在根本上继续探寻和反思的话，那么，知道我们能否超越自己通常的思考方式和感知方式，就是绝对必要的。或许，人们可能会说，这些自我跟自我的游戏最好置于幕后 / 后台（backstage）；或者，它们充其量可以适当地成为那些初步练习的一部分，那些练习一旦达到其目的，就会被忘记。但是，如果哲学不是对思想本身的批判性工作，那今天的哲学（我指的是哲学活动）又是什么呢？如果它不是努力知晓如何以及在何种程度上我们可能以不同的方式进行思考，而是赋予已知的东西以正当性，那么，它是由什么构成的？当它试图从外部指导他人，告诉他们所需要的真理在哪
92 里，以及如何去找到它们，或者当其以天真积极 / 幼稚实证（naïve positivity）的语言处理某种情况时，哲学话语中经常都会充满一些可笑的东西。但是，人们有权利通过实践某种跟自己很陌生的知识，去探索在自己的思想中有什么是可以改变的。这种“尝试 / 试验”（essay）应该被视为真理游戏中的试验或检验，人们经由这种试验发生了改变，而不只是为了交流的目的对他者进行简单挪用。至少如果我们仍然假设现在的哲学跟过去一样，也即，哲学仍是

思想活动中的禁欲（ascesis）、苦行（askesis）和自我修炼的话，那么，这种“尝试/试验”就是鲜活的哲学实质。

下面的研究跟我以前的其他研究一样，就它们所处理的范围和参考的资料而言，仍然是对“历史”的研究，但它们不是一位“历史学家”的工作。这并不是说，它们总结或综合了其他人的工作。如果从其“语用学”角度来思考的话，它们是对一项长期的试验性修炼的记录，而且需要不断地修订和修正。这是一种哲学修炼/锻炼（philosophical exercise）。其目标是认识到在多大程度上思考自身历史的努力，可以把思想从习以为常的沉默思考中解放出来，从而使其以不同的方式进行思考。[38]

——《快感的享用》

福柯于1984年5月25日因艾滋病去世，享年57岁。在他离世几天后，几百名朋友和仰慕者聚集在医院太平间外的庭院中，目送其棺木离开，表达了他们最后的敬意。当福柯的老朋友、杰出的哲学家吉尔·德勒兹站到院子角落里的一个小盒子上时，人群安静了下来。他以一种几乎听不见的、因悲伤而颤抖的声音，开始阅读上面摘录的段落。它们摘自《性史》最后两卷的前言，这是福柯最后撰写的文本之一。患病期间，他一直都致力于这些著述，并且在他过早离世前，刚刚设法使它们得到了出版。

93 最后这两部书的风格，跟他的早期著作截然不同：它们是如此平实朴素——或许有人认为是节制，有人认为是仓促。没有戏剧性的标志，没有令人震惊的景象。所研究的时期也不符合福柯的典型特征：尽管他的其他历史研究都关注的是早期现代和现代时期，但他最后的著作跳回到了古希腊和罗马帝国。在学界，如此彻底地改变方向是充满风险的。福柯不是古典思想的研究专家，他肯定清楚，他很可能会犯下使他很容易就成为批评对象的错误。选择一个全新的方向，还会让那些希望更多地认识现代权力的读者感到失望。但对他本人来说，很多事情已处于紧要关头：倘若不研究古代，他需要知道的和想要说出的事就不可能完成。我们应该在这种背景下阅读他在前言中写下的话：“毕竟，如果只是导致某种程度的知识渊博，而不是以这种或那种方式，使求知者尽可能走出其自我领地的话，那么，求知的激情又有什么价值呢？”

《性史》的第二卷和第三卷主要论述的是古希腊和罗马帝国的性道德。探究的焦点是，在那些主要是由哲学家和医生为指导他人而写的文本中，性态是如何构成某种道德领域，以及是如何被问题化为某种道德问题的。第二卷《快感的享用》主要关注的是公元前 4 世纪的古典希腊文化，而第三卷《自我的关照》处理的是公元后的头两个世纪罗马帝国的同样问题。

从对性道德的历史研究中产生出了福柯将其追溯到古代的一个特殊的伦理观念。他首先对道德（morality）作为一种道德准则（moral code）和行为道德（morality of behaviour）进行了区分。前者指的是教会、学校等教授给个体的那一套价值和行动准则。所谓行为道德，
指的是与道德准则紧密相关的人们的有效行为：他们的 94
实际行为如何跟推荐给他们的准则和价值相匹配。性道德的这些要素分别在道德史（the history of morals）和性实践的社会史（the social history of sexual practices）

中得到了研究，但它们并非福柯的历史研究的对象。他要研究的是道德的另一个重要要素，他称之为伦理。伦理指的是一个人参照道德规范的规定性要素而将自己构成一个道德主体的方式。它处理的是主体对道德准则予以采用和问题化的方式。比如，一个人可以出于多种原因，遵循一夫一妻制的伦理准则。他可以遵循它，为其他人树立榜样，以便避免受到惩罚，或者赋予自己的生活以道德之美。他还可以运用不同的锻炼方式来实现这一目标，比如记诵经文、沉思默想或惩罚自己。

当我们试图揭示古代道德与基督教道德之间的差异时，伦理学研究的重要性就会变得十分明显。福柯指出，跟人们通常的认识相反的是，古代和基督教时期在行为的道德准则这一层面上存在惊人的相似性。尽管通常认为，由于对同性恋关系的宽容，古代的道德要更加混杂和宽容，但是福柯向我们表明，古代和基督教都给予同性恋关系以某种消极的意象。而且，它们都很关心性消耗对个体健康的影响，甚至对此感到恐惧，都很重视夫妻之间的忠诚和节制。然而，使这两种文化构成强烈对照的是，这些道德理念或要求是以何种方式在与主体建立联系的过程中相互整合到一起的。基督教道德重点强调的是道德规范及其系统性、丰富性，以及适应任何可能的情况和涵盖每一个行为领域的能力。比如，基督教修道院中的准则不但非常严格，而且极其详尽。另一方面，古代道德代表的却是一种道德规范和行为准则 95
都很基础的道德。讨论道德的古代文本，很少会对个人行为提出非常明确的道德准则或行为指引。比律法（the law）的实际准则或内容更为重要的是一个人与自己的关系，一个人对其存在方式的选择（《快感的享用》，第29—30页）。

尽管二者在道德规范层面存在相似性，但是，性行为在其中被问题化的方式非常不同。在古希腊，性节制的主题并非是某种深层或本质性禁止的表达，而是某种活动的精致化和风格化。道德的基础是个人选择过一种美好的生活，给他人留下一种美好存在的回忆。

尽管《性史》的第二卷和第三卷呈现给我们的是一项对遥远过去的某种伦理问题化的方式（the forms of an ethical problematisation）的历史研究，但需要再次强调的是，福柯关心的是当下。他承认，他是从某种当代境况的视角出发，来撰写这最后两卷的。[39] 然而，他认为他不是在建议我们采用古希腊的伦理。他在很多方面都直率地谴责了古希腊伦理，将其视为相当令人恶心的东西；他指出它如何跟男性社会的各种观念联系在一起，比如不对等性、对他者的排斥、对插入（penetration）的痴迷等。[40] 古代的性关系不是对等的、相互的或者甚至经常都不是双方自愿的。主动的伴侣是一个自由人，被动的伴侣通常是一个奴隶、一个女人或一个年轻男孩，不会被期待从行动中获得任何快感。然而，福柯指出，我们仍然可以从古代的性伦理中学到一些东西。

> 我的观点是，没有必要将伦理问题与科学知识
> 联系起来。在人类的各种文化发明中，存在着由各
> 种策略、技术、观念、程序等构成的宝库，它们不
> 96 可能被完全激活，但至少构成了或有助于构成一种
> 可作为有用工具、让我们分析当前正在发生什么事
> 情并且对其予以改变的特定视点（a certain point of
> view）。(《论伦理的谱系学》，第 349—350 页）

道德与古希腊的宗教或宗教性深入（religious preoccupations）没有关系，与社会的、法律的或制度性的体系也没有关系。它是一个事关一个人跟自己的关系的领域：选择赋予自己的生活以道德之美。福柯发现最引人注目的是伦理问题与当代社会的各种问题之间的相似性。

> 我不知道我们的问题在一定程度上是否与此类似，因为我们大多数人也都不再相信伦理是建立在宗教基础上的，也不想让某种法律体系来干预我们道德的、个人的、私密的生活。当前的解放运动面临的困境是，它们找不到任何原则可以作为基础，以阐述某种新的伦理。它们需要一种伦理，但除了以所谓的科学知识为基础的伦理之外，它们找不到任何其他伦理。（《论伦理的谱系学》，第 343 页）

福柯明确地指出了将伦理理解为一种个人实践在我们世俗社会中所具有的潜力。他认为，我们继承了基督教道德的传统及其自我弃绝和自我牺牲的价值，以及将外部法律视为道德之基础的世俗传统。与这些传统相对照，自我实践似乎是不道德的、自我中心的，或者是从各种准则和对他人的责任中逃避出来的方式。然而，他所倡导的自我实践应该被理解为源于一种完全不同的伦理观念。这种伦理指的是一种创造性活动，是自己对自己的持续修炼。

福柯的最后两本著作，应该被视为试图对重思伦理之任务做出的某种贡献。它们也是他试图重思主体的某种延续。现在，其焦点是自我的形式：主体创造出有关
97 他 / 她自己之理解的各种形式，以及他 / 她转变其存在方式的各种实践。在他对古希腊伦理和相应的自我观念的研究中，福柯显然想要表达的一点是，并不存在可以被解读和解放的真正的自我，自我已经是而且必须是被创造出来的某种东西。然而，他对主体的后期研究中，呈现出来的是一个全新的分析轴线。

福柯指出，他或许过于坚持关注各种支配和权力的实践了，先前的工作可能忽视了一个分析轴心。其分析必须补上对自我实践的研究，也即个体对自己施加行动的各种方式。为了能够研究“性态之体验”（the experience of sexuality）的历史，他不仅需要他的考古学和谱系学所提供给他的方法论工具，而且还需要“研究个体将自己视为性主体的各种模式”（《快感的享用》，第 5 页）。他转向研究主体创造出有关他们自己的理解的各种历史形式，以及他们将自己构成某种道德的主体的方式。尽管他早期的谱系学研究已经研究了主体在权力 / 知识网络中得以构成的方式，但他后期的工作强调的是主体在塑造他 / 她自己的过程中的作用。跟其早期著作相比，他后期的著作对主体提供了一种更为详尽的理解。

在他后期的思想中，福柯回到了其早期著作中已经论及的艺术的颠覆性作用这一观念。他认为，自我的伦理实践与美学紧密关联，甚至彼此融合，他称之为“生存美学”（aesthetics of existence）。主体将自己构成为伦理主体的过程，就像是创造一种艺术作品。当被问到在我们的社会中可能建立一种什么类型的伦理时，他回答说：

> ……在我们的社会中，艺术已经成为仅仅与客

> 体有关而与个体或生活无关的某种东西。这种艺术
> 是专门化的或由作为艺术家的专家所从事的某种东
> 98 西。但是，每个人的生活难道不也可以成为一种艺
> 术作品吗？为何灯或房屋是艺术物品而我们的生活
> 却不是呢？（《论伦理的谱系学》，第 350 页）

将自己视为一种艺术作品的思想，引发了很多对福柯的批评。他被指责为退缩到了非道德的美学之中，赋予以自我为中心的风格化的精英主义观念优先性。然而，他的生存美学不应该被视为一种自恋的事业，或者仅仅是在狭义的视觉或看着很时髦的意义上所理解的那种纯粹美学。福柯对作为我们文化基本特征的自我吸收 / 专诚（self-absorption）和内省持严厉的批评态度，并指出古代的自我实践与当前的自我文化（culture of the self）几乎是截然相反的。我们的自我吸收 / 专诚源自这样的观念：一个人必须发现自己的真正自我，将其跟可能使其变得晦暗或疏离的东西分离开来，并借助心理学或心理科学解读出其真相 / 真理（truth）。而古希腊人并不是要试图发现他们的内在真相，而是努力将自己创造成为

配享尊敬、荣耀和力量 / 权力之人（《论伦理的谱系学》，第 362 页）。

因此，福柯对美学的强调并不意味着想要让我们看起来更美丽。相反，其想法是，我们应该与我们自己和我们的生活紧密联系起来，与不只是被给定的而且是可以创造性地形成和转变的某种东西联系起来。比如，相比试图发现有关个人性态的科学真理，然后努力接近适当性别和年龄组的正常的性行为模式，一个人更应该通过想象新的关系和体验快感的方式，来创造性地塑造自己的性生活。或者说，相比寻求一种医学诊断，以说明一个人何以跟他人不同或有不同的感受，有时接受差异，然后富有创造性地将其塑造成一个人之存在的某种独特的、赋权性的特征，可能会更好。其目的不只是抛却关于自己的所有科学知识，而且是要持续不断地质疑其支配性。对规范化力量的抵抗，既包括创造性的自我实践，也包括对我们当前思想方式的批判性质询。 99

非常重要的是，福柯当作美学的伦理，是他对规范化力量的关注的延续。他并不认为抵抗外在于权力网络，因为只有在权力网络之中，才能成为某种主体。只有在贯穿整个社会的权力网络之中，富有意义和效果的行动才会成为可能。尽管福柯坚持认为抵抗经常就作为权力的对应方而内在于权力之中，但他的解释在很大程度上对主体应该以什么样的具体方式形成和发起抵抗保持着开放性。在后期思想中，他详尽阐述了对抵抗的理解：他坚持认为，主体不只是由权力所构成的，他们自己也通过自我实践而参与了这一建构，并改变自己。换句话说，主体不仅是驯服的身体，而且可以积极拒绝、采纳和改变成为某种主体的方式。对抗规范化力量的方式之一是，创造性地塑造自己和自己的生活风格：为新的存在方式，体验、快感和关系的领域，生活和思考方式，探索各种机会。

对自由的追求作为福柯哲学的基本特征，在他的后期思想中，成了一种发展和鼓励各种生活方式的尝试，这些生活方式能够抵抗规范化的力量。其目的不是导向自恋主义的自我风格化，而是多样性和独特性的增强。福柯思想的重要遗产不在于告诉我们是谁或我们应该成为谁——比如正直的公民、美丽且有德之人、性行为健康和自由的人，而是要打开自由空间，使某种独特的生活方式成为可能。通过阅读他，我们将能够以全新的方式体验我们周围的世界，并且在此过程中成为与众不同的自己：成为追求某种或许在当前还无法想象的思考方式、生活方式和交往方式的主体。

# 注 释

1 James Miller, *The Passion of Michel Foucault* ( New York: Simon & Schuster, 1993 ) .

2 Michel Foucault 1986, "Postscript, An Interview with Michel Foucault by Charles Ruas" in *Death and the Labyrinth: The World of Raymond Roussel*, trans. Charles Ruas ( New York: Doubleday, 1986 ) , p. 184.

3 *Suicides de prison* ( Paris: Gallimard, 1973 ) , p. 51, trans. David Macey, quoted in David Macey, *The Lives of Michel Foucault* ( New York: Vintage Books, 1993 ) , p. 288.

4 Michel Foucault 1983, "Critical Theory/Intellectual History", trans. Jeremy Harding, in *Michel Foucault, Politics, Philosophy, Culture, Interviews and Other Writings 1977–1984*, ed. Lawrence Kritzman ( New York and London: Routledge, 1988 ) , pp. 36–37.

5 See Macey, *The Lives of Michel Foucault*, p. 288.

6 Michel Foucault 1984, *The History of Sexuality,* vol. 2: *The Use of Pleasure*, trans. Robert Hurley ( Harmondsworth: Penguin, 1992 ) , p. 9.

7 See Ian Hacking, *Historical Ontology* ( Cambridge, MA: Harvard University Press, 2002 ) .

8 Michel Foucault 1961, *History of Madness*, trans. Jonathan Murphy and Jean Khalfa ( London and New York: Routledge, 2005 ) , pp. 8–11. Hereafter cited as HM.

9 Michel Foucault 1978, "Interview with Michel Foucault" in *Power: Essential Works of Foucault 1954–1984*, vol. 3, ed. James D. Faubion, trans. Robert Hurley ( New York: New Press, 2000 ) , p. 244. Hereafter cited as IMF.

10 Michel Foucault 1983, "The Minimalist Self", in *Michel Foucault, Politics, Philosophy, Culture*, p. 6.

11 Michel Foucault 1961, "La folie n' existe que dans une société", in *Dits et* écrits, *1954–1975*, vol. 1, ed. Daniel Defert and François Ewald ( Paris: Gallimard, 2001 ) , p. 197. Hereafter cited as DE.

12 Michel Foucault 1970, Foreword to the English edition of *The Order of Things* ( London and New York, Routledge, 1994 ) , pp. xiii–xiv. Hereafter cited as OT.

13 Paul Veyne 1971, "Foucault Revolutionizes History", in Arnold I. Davidson ( ed. ) , *Foucault and His Interlocutors* ( Chicago and London: University of Chicago Press, 1997 ) , pp. 146–182.

14 Michel Foucault 1967, "On the Ways of Writing History", trans. Robert Hurley in *Aesthetics, Method and Epistemology: Essential Works of Foucault 1954–1984,* vol. 2, ed. James D. Faubion ( New York: New Press, 1998 ) , p. 286.

15 Michel Foucault 1963, "What Is an Author?", trans. Josue V. Harari, in *The Foucault Reader*, ed. Paul Rabinow ( Harmondsworth: Penguin, 1984 ) , pp. 118–120.

16 Jean-Paul Sartre 1948, *What Is Literature?*, trans. Bernard Frechtman ( London: Methuen, 1950 ) , p. 45.

17 Foucault, *Death and the Labyrinth*, p. 175. Hereafter cited as DL.

18 Michel Foucault 1971, "Nietzsche, Genealogy, History", trans. Donald F. Bouchard and Sherry Simon, in *The Foucault Reader*, pp. 86–88. Hereafter cited as NGH.

19 See e.g. Michel Foucault, "Prison Talk", trans. Colin Gordon in *Power/Knowledge: Selected Interviews and Other Writings 1972–1977*, ed. Colin Gordon ( Brighton: Harvester Press, 1980 ) , p. 53–54.

20 Michel Foucault 1975, *Discipline and Punish*, trans. Alan Sheridan ( Harmondsworth: Penguin, 1991 ) , p. 250. Hereafter cited as DP.

21 Foucault 1984, "Foucault Michel, 1926— ", trans. Catherine Porter, *Cambridge Companion to Foucault*, ed. Gary Gutting, ( Cambridge: Cambridge University Press ) , p. 315. Hereafter cited as FM.

22 See Martin Saar, "Genealogy and Subjectivity", *European Journal of Philosophy* 10: 2 ( 2002 ) , 231–245.

23 See Martin Kusch, *Foucault' s Strata and Fields. An Investigation into Archaeological and Genealogical Science Studies* ( Dordrecht: Kluwer, 1991 ) , pp. 186–192.

24 Michel Foucault 1976, "Questions of Geography", trans. Colin Gordon in *Power/Knowledge*, p. 69.

25 See Macey, *The Lives of Michel Foucault*, p. 335.

26 Michel Foucault 1984, "What Is Called Punishing?", trans. Robert Hurley, in *Power: Essential Works of Foucault 1954–1984*, vol. 3, 2000, p. 383.

27 Michel Foucault 1976, *The History of Sexuality*, vol. 1, trans. Robert Hurley ( Harmondsworth: Penguin, 1990 ) , pp. 94–96. Hereafter cited as HS.

28 Michel Foucault 1984, "The Ethic of Care for the Self as a Practice of Freedom", trans. J. D. Gauthier, in *The Final Foucault*, ed. James Bernauer and David Rasmussen ( Cambridge, MA: MIT Press, 1988 ) , p. 19. Hereafter cited as EPF.

29 Michel Foucault 1978, Introduction to *Herculine Barbin: Being the Recently Discovered Memoirs of a Nineteenth-Century French Hermafrodite*, trans. Richard McDougall ( New York: Pantheon Books, 1980 ) , pp. vii–x.

30 See Judith Butler, *Gender Trouble* ( New York and London: Routledge,

1991 ) .

31 See David Halperin, *Saint Foucault: Towards a Gay Hagiography* ( New York and Oxford: Oxford University Press, 1995 ) , p. 42.

32 Michel Foucault 1984, "Sex, Power, and the Politics of Identity" in *Ethics-Subjectivity and Truth: Essential Works of Foucault 1954–1984*, vol. 1, ed. Paul Rabinow ( New York: New Press, 1997 ) , p. 163.

33 Michel Foucault 1990, "What Is Critique?", trans. Lysa Hochroth, in *Foucault, The Politics of Truth*, ed. Sylvere Lotringer and Lysa Hochroth ( New York: Semiotext ( e ) , 1997 ) , pp. 27–29.

34 *Sécurité, territoire, population* ( 1977–1978 ) , *Security, Territory, Population-Lectures at the Collège de France, 1977–1978*. Trans. Graham Burchell ( New York: Palgrave Macmillan, 2007 ) and *Naissance de la biopolitique* ( 1978–1979 ) , not yet available in English.

35 Michel Foucault 1979, "*Omnes et Singulatim*: Toward a Critique of Political Reason", trans. P. E. Dauzat in *Power: Essential Works of Foucault 1954–1984*, vol. 3, 2000, p. 325.

36 Michel Foucault 1981, "So Is It Important to Think?", trans. Robert Hurley in *Power: Essential Works of Foucault 1954–1984*, vol. 3, 2000, p. 456.

37 See e.g. Michel Foucault 1984, "The Art of Telling the Truth", trans. Alan Sheridan in *Michel Foucault, Politics, Philosophy, Culture*, 1988, pp. 86–95.

38 Foucault, *The History of Sexuality*, vol. 2, *The Use of Pleasure*, pp. 8–9.

39 Michel Foucault 1984, "The Concern for Truth", trans. Alan Sheridan in *Michel Foucault, Politics, Philosophy, Culture*, 1988, p. 263.

40 Michel Foucault 1983, "On the Genealogy of Ethics: An Overview of Work in Progress" in *The Foucault Reader*, p. 346.Hereafter cited as GE.

# 年 表

1926 年 10 月 15 日

保罗–米歇尔·福柯（Paul-Michel Foucault）生于法国乡村小镇普瓦捷的一个富裕家庭。福柯的父亲保罗，是普瓦捷医学院的一名外科医生和解剖学教授。

1930 年 福柯开始上学，进入普瓦捷的一所耶稣会学校亨利四世中学幼儿班。

1936—1940 年

在亨利四世中学上高年级。

1940—1945 年

进入普瓦捷的圣斯坦尼斯拉斯学院（Collège St Stanislas）。福柯对历史尤其感兴趣，在法国文学史、古希腊及拉丁语翻译等课程中获得优异成绩。1942 年，他开始研究哲学。由于战争，几位教师被盖世太保逮捕，福柯接受了私人哲学授课。他开始阅读亨利 · 柏格森、柏拉图、勒内·笛卡尔、巴鲁赫·斯宾诺莎及伊曼努尔·康德等人的著作。他决定研究哲学，而不是他父亲为他计划的医学。

1945 年　进入巴黎的亨利四世中学，以便为巴黎高等师范学校入学考试做准备。让 · 伊波利特是福柯的哲学老师。他关于 G.W.F. 黑格尔的讲座给青年福柯留下了深刻印象。

1946 年　福柯被巴黎高师录取。他学习了精神病理学课程，并参观了精神病院。

1947—1948 年

福柯听取了莫里斯 · 梅洛–庞蒂在巴黎高师的系列讲座。讲座标题是《马勒伯朗士、曼恩·德·比朗和柏格森论身心统一问题》( The union of the body and soul in Malebranche, Maine de Biran and Bergson )。梅洛–庞蒂还向他的学生介绍了费尔迪南 · 德 · 索绪尔的著作。

1948 年　福柯获得巴黎高师的哲学教师文凭 ( 允许在学

校教书)。他参加了路易·阿尔都塞的柏拉图讲座。福柯承受着精神和情感问题,并试图自杀。他住进了圣安妮医院(Sainte-Anne)。

1949年 福柯对存在主义和现象学产生兴趣。开始研究德语和马丁·海德格尔的哲学。通过海德格尔,福柯对弗里德里希·尼采的哲学产生浓厚兴趣。当让·伊波利特受聘到索邦大学时,福柯再次聆听了他的系列讲座。他在巴黎高师获得了心理学文凭。

1950年 在路易·阿尔都塞的影响下,福柯加入了共产党。他对G.W.F.黑格尔的现象学和存在主义产生越来越多的批评。

1951年 福柯获得巴黎高师的哲学教师资格(获准成为一名大学讲师)。他开始在高师教授心理学。雅克·德里达等人参加了他的系列讲座。跟阿尔都塞一样,福柯将他的学生带到圣安妮医院,接受教学参观。

1952年 从巴黎心理学研究所获得精神病理学文凭。福柯开始翻译路德维希·宾斯万格的文章《梦与存在》,并为其撰写一篇较长的导言。他深入阅读了西格蒙德·弗洛伊德、雅克·拉康、梅兰妮·克莱茵和卡尔·雅斯贝尔斯等人的著作。

1952—1955年

在里尔大学讲授心理学。福柯首次见到吉尔·德勒兹。

1953年 福柯开始深入阅读弗里德里希·尼采的哲学。他退出共产党。

1954年 《精神疾病与心理学》出版。福柯参加了雅克·拉康在圣安妮医院开设的系列讲座。

1955—1958年

移居瑞典。在乌普萨拉大学教授文化与语言。开始撰写《疯癫史》。福柯首次见到罗兰·巴特。巴特到乌普萨拉拜访福柯。

1958年 福柯离开瑞典，到波兰华沙大学担任法国中心主任。

1959年 福柯移居德国，到汉堡担任法国研究所所长。

1960年 福柯回到法国，在克莱蒙－费朗大学教授哲学和心理学。他遇到了来自巴黎高师的丹尼尔·德费尔（Daniel Defert），后者成为福柯此后生活的伴侣。福柯的父亲去世。

1961年 获得博士学位（获准成为大学教授）。福柯的主要论文以《古典时代疯癫史》形式出版。其指导者为乔治·康吉莱姆。福柯的补充论文，包括128页的导论和对伊曼努尔·康德《实用人类学》的翻译。其指导者为让·伊波利特。出版《疯癫史》。该书获得积极和消极两方面的评价。

1962年　福柯晋升为克莱蒙—费朗大学教授。到1966年为止，一直教授哲学和心理学。开设后来成为其《事物的秩序》一书之主题的系列讲座。

1963年　出版《临床医学的诞生》和《死亡与迷宫：雷蒙·鲁塞尔的世界》。撰写有关莫里斯·布朗肖、皮埃尔·科罗索夫斯基（Pierre Klossowski）、乔治·巴塔耶等人的文章。《临床医学的诞生》受到雅克·拉康的积极评价，拉康在他的研讨会上讨论了这本书。

1965年　福柯到巴黎访问两月，并在圣保罗开设一系列讲座。

1965—1966年

福柯日益远离了共产党和马克思主义者，参与了戴高乐主义政府（Gaullist government）的教育改革计划。这些改革引发了学生和教师工会的广泛抗议。

1966 年　《事物的秩序》出版，成为畅销书。由于对现象学的批评，福柯开始投入到跟萨特之间持续了两年之久的争论。

1966—1968 年

福柯离开法国，到突尼斯大学担任哲学访问教授。开设有关美学、历史学、心理学、语言哲学等主题的系列讲座。他还讲授尼采和笛卡尔。福柯邀请保罗·利科和让·伊波利特到大学访问演讲。由于突尼斯的政治不稳定，福柯在其教席结束前就回到了法国。

1968 年　担任新的实验性的巴黎第八大学（万塞讷）哲学系主任。

1968—1973 年

在经历了突尼斯的学生政治活动后，福柯回到了左翼政治。他参加了激进主义活动，参与了多次街头抗议和签名请愿。在游行示威期间，他还多次被捕。丹尼尔·德费尔加入毛主义圈子，并影响了福柯的政治观点。

1969 年　福柯被选入法兰西学院。其教席名为“思想体系史”。出版《知识考古学》。

1970 年 12 月 2 日

福柯在法兰西学院发表就职演讲。

1970—1983 年

福柯首次在美国和日本发表演讲。他经常访问美国，偶尔访问巴西、加拿大和日本。

1971 年　为了计划一场反对种族主义的示威游行，福柯和萨特相约见面。一名年轻的阿尔及利亚人被安保人员枪杀。

1971—1973 年

福柯和丹尼尔·德费尔建立监狱信息小组，以研究和改善法国监狱和囚犯的状况。吉尔·德勒兹、让-保罗·萨特和埃莱娜·西苏（Héléne Cixous）等人加入该小组。监狱信息小组成为一个全国性运动，组织了几次抗议和签名请愿活动。1972 年，福柯参观了美国阿提卡的纽约州立监狱。他还积极参加反对死刑运动。

1975 年　出版《规训与惩罚》。福柯参加了反对西班牙佛朗哥法西斯主义政权处决政治活动家的抗议和请愿活动。为了参加一次有关该主题的新闻发布会，他访问了马德里。他还在西班牙驻巴黎大使馆门前组织了示威活动。

1976 年　出版《性史（第一卷）：认知意志》。

1978 年　福柯作为记者，为意大利《晚邮报》（*Corriere della serra*）撰写了关于伊朗革命的几篇文章和报道。

1981 年　福柯和皮埃尔·布尔迪厄写了一份请愿书，以支持波兰的团结运动。

1983 年　福柯在加州大学伯克利分校任教，一个永久性访问教职的开始。

1984 年　出版《性史（第二卷）：快感的享用》和《性史（第三卷）：自我的关照》。福柯的健康状况恶化，住进医院。据其好友保罗·韦纳跟其伴侣丹尼尔·德费尔说，福柯知道自己患上了艾滋病，但不想让他的朋友知道。

1984 年　6 月 25 日，福柯在巴黎去世。丹尼尔·德费尔建立了第一个法国艾滋病公益组织——AIDES。

1994 年　《言论与写作》（*Dits et écrits*）出版，收录了米歇尔·福柯撰写的除专著之外的文章和随笔。

# 进阶阅读建议

## 主要文本

除了本书论及的著作之外，还可阅读福柯的已经被翻译为英文的如下著作：

*Maladie mentale et personnalité*. Paris: PUF, 1954. Revised as *Maladie mentale et psychologie*. Paris: PUF, 1962. (*Mental Illness and Psychology*. Trans. Alan Sheridan. Berkeley: University of California Press, 1987.)

*Naissance de la clinique: une archéologie du regard médical*. Paris: PUF, 1963. (*The Birth of the Clinic: An Archaeology of Medical Perception*. Trans. A. M.

Sheridan-Smith. London: Routledge, 1976.）

*L'archéologie du savoir.* Paris: Gallimard, 1969.（*The Archaeology of Knowledge*. Trans. A. M. Sheridan-Smith. London: Routledge, 1972.）

*Ceci n'est pas une pipe: deux lettres et quatre desseins de René Magritte.* Montpelier: Fata Morgana.（*This Is Not a Pipe*. Trans. and ed. James Harkness. Berkeley: University of California Press, 1983.）

*Histoire de la sexualité,* 3: *Le souci de soi.* Paris: Gallimard, 1984.（*The History of Sexuality,* Vol. 3: *The Care of the Self.* Trans. Robert Hurley. New York: Random House, 1986.）

福柯的所有访谈、随笔和论文几乎都已被收录到四卷本的《言论与写作》之中。参见 *Dits et écrits*, vols. 1–4, 1954–1988, ed. Daniel Defert and François Ewald. Paris: Gallimard, 1994.

福柯在法兰西学院的所有讲座都将在 Gallimard/Seuil 出版社出版。它们将被翻译成 13 卷本的英文讲稿，阿诺德·戴维森（Arnold Davidson）主编。到目前为止，已出版如下6卷法文版和5卷英文译本：

*Le pouvoir psychiatrique: cours au Collège de France（1973–1974）*. Paris: Gallimard, 2003.（*Psychiatric Power-Lectures at the Collège de France, 1973–1974*. Trans. Graham Burchell. New York: Palgrave Macmillan, 2006.）

*Les anormaux: cours au Collège de France（1974–1975）*. Paris: Seuil, 1999.（*Abnormal – Lectures at the Collège de France, 1974–1975*. Trans. Graham Burchell. Eds. Mauro Bertani and Alessandro Fontana. New York: Picador, 2004.）

*Il faut défendre la société: cours au Collège de France（1976–1977）*. Paris: Gallimard, 1997.（*Society Must Be Defended – Lectures at the Collège de France, 1975–1976*. Trans. David Macey. Eds. Mauro Bertani and Alessandro Fontana. New York: Picador, 2003.）

*Sécurité, territoire, population: cours au Collège de France（1977–1978）*. Paris: Gallimard, 2004.（*Security, Territory, Population – Lectures at the Collège de France,*

*1977–1978*. Trans. Graham Burchell. New York: Palgrave Macmillan, 2007.)

*Naissance de la biopolitique: cours au Collège de France (1978–1979)*. Paris: Gallimard, 2004. (Not yet available in English.)

*L'herméneutique du sujet: cours au Collège de France (1981–1982)*. Ed. Frédéric Gros. Paris: Gallimard/Seuil, 2001. (*The Hermeneutics of the Subject – Lectures at the Collège de France 1981–1982*. Trans. Graham Burchell. New York: Picador, 2005.)

## 传记

已有三本完整的福柯传记：

Eribon, Didier *Michel Foucault*. Cambridge, MA: Harvard University Press, 1989.

Macey, David *The Lives of Michel Foucault*. London: Vintage, 1993.

Miller, James *The Passion of Michel Foucault*. Cambridge, New York: Simon & Schuster, 1993.

## 相关论文集

Davidson, Arnold I. ( ed. ) , *Foucault and His Interlocutors*. Chicago and London: University of Chicago Press, 1997.

Gutting, Gary ( ed. ) , *The Cambridge Companion to Foucault*, 2nd edn. Cambridge University Press, 2005.

Hoy, David Couzens ( ed. ) , *Foucault: A Critical Reader*. Oxford: Blackwell, 1986.

Moss, Jeremy ( ed. ) , *The Later Foucault: Politics and Philosophy*. London: Sage, 1998.

Smart, Barry ( ed. ) , *Michel Foucault: Critical Assessments*, vols. 1–3. London and New York: Routledge, 1994.

Waldenfels, Bernard and Ewald, François ( eds. ) , *Spiele der Wahrheit. Michel Foucaults Denken.* Frankfurt am Main: Suhrkamp, 1991.

## 一般性参考

Dreyfus, Hubert and Rabinow, Paul *Michel Foucault: Beyond Structuralism and Hermeneutics*. University of Chicago Press, 1982.

Flynn, Thomas *Sartre, Foucault, and Historical Reason*, vol. 2: *A Poststructuralist Mapping of History.* University of Chicago Press, 2005.

Han, Beatrice *Foucault's Critical Project. Between the Transcendental and the Historical*. Stanford University Press, 1998.

May, Todd *The Philosophy of Foucault.* Stocksfield: Acumen Publishing, 2006.

Oksala, Johanna *Foucault on Freedom*. Cambridge University Press, 2005.

Rajchman, John *Michel Foucault: The Freedom of Philosophy*. New York: Columbia University Press, 1985.

有关考古学和谱系学

Gutting, Gary *Michel Foucault's Archaeology of Scientific Reason*. Cambridge University Press, 1989.

Kusch, Martin *Foucault's Strata and Fields: An Investigation into Archaelogical and Genealogical Science Studies*. Dordrecht: Kluwer, 1991.

Saar, Martin *Genealogie als Kritik. Geschichte und Theorie des Subjekts nach Nietzsche und Foucault*. Frankfurt: Campus Verlag, 2007.

Visker, Rudi *Michel Foucault – Genealogy as Critique.* Trans. Chris Turner. New York: Verso, 1990.

### 有关治理术

Barry, Andrew, Osborne, Thomas and Rose, Nicholas ( eds. ) , *Foucault and Political Reason. Liberalism, Neo-Liberalism and Rationalities of Government*. London: UCL Press, 1996.

Burchell, Graham et al. ( eds. ) , *The Foucault Effect: Studies in Governmentality. With Two Lectures by and One Interview with Michel Foucault.* University of Chicago Press, 1991.

Dean, Mitchell *Governmentality: Power and Rule in Modern Society*. London: Sage, 1999.

Lemke, Thomas *Eine Kritik der politischen Vernunft – Foucaults Analyse der modernen Gouvernementalität.*

Berlin/Hamburg: Argument, 1997.

### 有关性别和性态研究

Diamond, I. and Quinby, L. ( eds ) , *Feminism and Foucault: Reflections on Resistance*. Boston: Northeastern University Press, 1988.

Halperin, David M. *Saint Foucault: Towards a Gay Hagiography*. New York and Oxford: Oxford University Press, 1995.

Hekman, Susan J. ( ed. ) , *Feminist Interpretations of Michel Foucault*. Pennsylvania State University Press, 1996.

McNay, Lois *Foucault and Feminism: Power, Gender and the Self*. Cambridge: Polity Press, 1992.

McWhorter, Ladelle *Bodies and Pleasure: Foucault and the Politics of Sexual Normalization*. Bloomington: Indiana University Press, 1999.

Sawicki, Jana *Disciplining Foucault: Feminism, Power and the Body*. New York: Routledge, 1991.

### 有关古代伦理

Detel, Wolfgang *Foucault and Classical Antiquity: Power, Ethics and Knowledge.* Cambridge University Press, 1998.

O'Leary, Timothy *Foucault and the Art of Ethics*. London: Continuum, 2002.

### 网络资源

http://www.michel-foucault.com/ 福柯资源网站，有关福柯生平、著作以及有关福柯的最近出版物和事件的很好的信息资源。

http://www.siu.edu/~foucault/ 福柯圈子网站，对福柯思想感兴趣的学者和教育者创建的一个世界性网络。

http://www.foucaultsociety.org/ 福柯学会网站，致力于在当代脉络下研究和运用福柯思想的学者、学生、活动家和艺术家组建的一个跨学科学会。

# 索 引

（译名后的数字为原书页码，即本书边码）

aesthetics of existence 存在美学 97—98
AIDS 艾滋病 4，92
Aldrovandi，Ulisse 阿尔德罗万迪，乌利塞 34
anarchism 无政府主义 86
Ancient Greece 古希腊 93—98
Annales School 年鉴学派 28
anthropological universals 人类普世性 51—52
anti-psychiatry 反精神病学 23
archaeology 考古学 3，10，12，15，23，28，29，48，53，58，97
archaeological level of knowledge 知识的考古学层面 27，29
*Archaeology of Knowledge，The*《知识考古学》3，28
Artaud，Antonin 阿尔托，安东尼 24
author 作者 38—40
avant-garde writing 先锋写作 38，44
Bachelard，Gaston 巴什拉，加斯东 28
Barbin，Herculine 巴尔班，埃尔屈利纳 73
Barthes，Roland 巴特，罗兰 39
Bataille，Georges 巴塔耶，乔治 43
Bentham，Jeremy 边沁，杰里

米 56
Binswanger, Ludwig 宾斯万格，路德维希 18
*Birth of the Clinic*, *The*《临床医学的诞生》3, 28
Beauvoir, Simone de 波伏娃，西蒙·德 2
biopolitics 生命政治 83
biopower 生命权力 71
Blanchot, Maurice 布朗肖，莫里斯 43
body 身体 52, 58—59, 74—75, 83
Borges, Jorge Luis 博尔赫斯，豪尔赫·路易斯 33—34
Butler, Judith 巴特勒，朱迪斯 76
Canguilhem, Georges 康吉莱姆，乔治 28
Cervantes, Miguel 塞万提斯，米格尔 19
Christianity 基督教 47, 94, 96
Classical age 古典时期 19—20, 29—31
Comte, August 孔德，奥古斯特 26
confession 坦白 / 忏悔 69
confinement 禁闭 19—21
conscience 良知 8, 19, 21
contingency 偶发性 3, 10, 22, 40, 54, 60, 90
counter-discourse 反话语 43
criminology 犯罪学 48—51, 58, 77
critique 批判 3, 14, 47, 53, 60—63, 85—90
Damiens, Robert 达米安，罗伯特 52—53, 61
Darwin, Charles 达尔文，查尔斯 27, 30
*Death and the Labyrinth:The World of Raymond Roussel*《死亡与迷宫：雷蒙·鲁塞尔的世界》41—42
death of God 上帝之死 31
death of man 人之死 31—32
Deleuze, Gilles 德勒兹，吉尔 2, 92
delinquency 违法犯罪 4, 14, 15, 53
Derrida, Jacques 德里达，雅克 2—3
Descartes, René 笛卡尔，勒内 26
*Discipline and Punish*《规训与惩罚》3, 10, 48, 52—53, 58—

63
discontinuity 不连续性 28—30, 48
discourse 话语 38—39, 43, 69, 76, 78
empirico-transcendental doublet 经验—先验二重性 31
Enlightenment 启蒙 20, 88—90
episteme 认识型 29—33
epistemological level of knowledge 知识的认识型层面 27
epistemology, historical 历史的认识型 28
ethics 伦理 93—99
existentialism 存在主义 2, 14, 18
experience 体验 / 经验 23, 32—33, 35, 53
books 著作 24
Classical 古典的 20
cultural 文化的 18, 21
first-person 第一人称的 14—15, 33
historical conditions of 体验的历史状况 14
in literature 文学中的体验 39, 43—44
lived 鲜活的体验 18
of sexuality 性体验 70, 97
personal 个人体验 4, 60
subjective 主观体验 15, 29
feminist theory 女性主义理论 76
Frankfurt School of Critical Theory 法兰克福批判理论学派 87, 89
freedom 自由 2, 38, 44, 89—90, 99
spaces of 自由空间 8, 10, 99
gay activism 同性恋运动 4, 77
gay and lesbian studies 男同和女同研究 77
gender 性别 4, 51, 52, 74—76, 98
genealogy 谱系学 3, 10, 12, 15, 46—48, 51—54, 56—58, 60—61, 82, 88, 97
GIP 监狱信息小组 8, 60
government 治理 / 政府 82—86
governmentality 治理术 82—86
governmentalization 治理化 86
Habermas, Jürgen 哈贝马斯, 尤尔根 87, 88
Halperin, David 哈尔柏林, 戴

维 77
Hegel, G.W.F 黑格尔, G.W.F 89
Heidegger, Martin 海德格尔，马丁 14
hermaphroditism 双性人 73—74
historicity 历史性 11
historiography 历史编纂学 2，10，23，26，28，48，53
history 历史（学）10—11，27，31—32，41，52，94
biographical 传记史学 28
critical 批判史学 46—47，53—54
of psychiatry 精神病史 17，20，22
of psychology 心理学史 17
of science 科学史 22，26—29，39，48
of the present 当下史 3，11，18，35
*History of Madness*《疯癫史》3，10，11，18—24，29，53
*History of Sexuality*，*The*，vol. I，II，III《性史》(第一、二、三卷）3，10，11，12，65—71，76—77，82，92—95
Hölderlin, Friedrich 荷尔德林，弗里德里希 24
homonyms 同形同音异义词 41
homophobia 恐同症 15，78
homosexuality 同性恋 12—15，77，94
human 人 / 人类 19，22，51
being 人类存在 2，11，13，31，51，70
existence 人的存在 2，10，19，21，31
finitude 人的有限性 19
nature 人的本性 2
way of experiencing the world 人类体验世界的方式 14，31
human sciences 人的科学 13，51
Husserl, Edmund 胡塞尔，埃德蒙德 14
Identity 身份 / 认同 15，40，58，69，71，74—76，78—79
insanity 精神错乱 / 疯狂 11，22，52
Internet 互联网 41
Kant, Immanuel 康德，伊曼努尔 14，88—89
knowledge 知识 30，32，43，51—52，57—58，62，85，93
conditions of 知识的状况 29，

31
empirical 经验知识 27, 49
human faculties of 人的知识能力 14
objects of 知识对象 14, 51
psychiatric 精神病学知识 21
scientific 科学知识 12, 27, 48—49, 58, 75, 98
Kristeva, Julia 克里斯蒂娃, 朱莉娅 2, 39
Lamarck, Jean-Baptiste 拉马克, 让—巴普蒂斯特 30
language 语言 32—33, 39, 61
literary 文学语言 23—24, 41—44
linguistics 语言学 26
linguistic turn 语言学转向 32—33, 43
literature 文学 23—24, 26, 38—41
in literature 在文学中 43
madness 疯癫文学 4, 18—24
*Maladie mentale et personalité*《精神疾病与心理学》18
medicalization 医学化 12, 22, 71
mental illness 精神疾病 4, 12, 15, 18, 20—21, 70
*Mental Illness and Psychology*《精神疾病与心理学》18
Merleau-Ponty, Maurice 梅洛—庞蒂, 莫里斯 2, 14
Middle Ages 中世纪 40, 74
modernity 现代性 3, 29
morality 道德 20, 21, 47, 50, 53, 93—96
Nerval, Gérard 奈瓦尔, 吉拉德 24
Nietzsche, Friedrich 尼采, 弗里德里希 24, 31, 46—47, 52, 53, 89
normalization 规范化 58—59, 70, 75, 98—99
objectification 对象化 13, 59
objects of scientific analysis 科学分析的对象 13, 22
*Order of Things, The*《事物的秩序》3, 26—35, 43
Panopticon 全景敞视 56—58, 67
phenomenology 现象学 14, 18, 31, 32, 44

philosophy 哲学
as critical practice 作为批判实践的哲学 5
of science 科学哲学 49, 52
of the subject 主体哲学 14, 31, 32
Pinel, Philippe 皮内尔，菲利普 20, 21
political activism 政治行动主义 8—9
political struggle 政治斗争 9, 15, 60
population 人口 71, 82—83
post-structuralism 后结构主义 2—3, 33
power 权力 65—71
as productive 生产性的权力 4, 70—71
disciplinary 规训权力 56—59, 62, 66, 84—85, 89
discursive 话语权力 12, 48
effects of 权力效果 48, 71
governmental 治理的权力 82—86
historical 历史性的权力 13, 14
in distinction from domination 权力与支配的区分 67—68
liberal conceptions of 自由主义的权力观 66
Marxist conceptions of 马克思主义的权力观 66
mechanisms of 权力机制 49, 70
microphysics of 权力的微观物理学 66, 85
of power 权力的权力 9, 48, 58, 67, 84, 86, 97
of the self 自我的权力 13, 96—99
pastoral 牧师权力 83, 86
political 政治权力 83—86
power/knowledge 权力 / 知识 48—52, 58, 76, 97
practices 权力实践 3, 10, 14, 15, 32, 48, 62, 71, 89
relations of 权力关系 14—15, 48, 58, 67—68, 78, 84, 86
scientific 科学的权力 12, 13, 21, 38, 43, 51
social 社会权力 2, 12, 13, 15, 32, 50
prison 监狱 4, 8—10, 48—49, 57—63, 67
psychiatric asylum 精神病院 20

psychiatry 精神病学 12, 17—18, 22—23
psychoanalysis 心理分析 98
psychology 心理学 17, 98
queer theory 酷儿理论 77—79
Raulet, Gérard 劳雷特, 吉拉德 8
Renaissance 文艺复兴 19, 22, 26, 29, 30, 34
resistance 抵抗 67—68, 85—86, 88, 98—99
Roman Empire 罗马帝国 93
Roussel, Raymond 鲁塞尔, 雷蒙 41—43
Sade, Marquis de 萨德侯爵 26
Sartre, Jean-Paul 萨特, 让—保罗 2, 14, 38, 42, 44
scepticism 怀疑主义 51
science 科学 14, 49—50, 52, 79
classification 科学分类 14, 77
consciousness 科学意识 27
discourse 科学话 27—28, 40, 43, 59, 71
expert 科学专家 13, 71, 74, 77
knowledge 科学知识 48—51, 79, 82
scientific analysis 科学分析 13
theories 科学理论 15, 34, 43, 74
sex 性 73—76
sexuality 性态 4, 51, 69—71, 74—79, 83, 93—95, 98
Shakespeare, William 莎士比亚, 威廉 19, 39
Ship of Fools 愚人船 18
social constructivism 社会建构论 11—12, 15, 22
structuralism 结构主义 26—27
subject 主体 2, 13—15, 18, 28, 32, 39—40, 42—44, 51, 58, 63, 67, 96—97, 99
subjectivation 主体化 58—59, 63
truth 真理 / 真相 13, 47, 49—50, 54, 59, 69, 74, 76, 85, 98
Tuke, Samuel 图克, 塞缪尔 20, 21
unconscious 无意识 27
Veyne, Paul 韦纳, 保罗 31
Victorian era 维多利亚时期 69
Weber, Max 韦伯, 马克斯 89

**图书在版编目（CIP）数据**

如何阅读福柯 / ( 芬 ) 约翰娜 · 奥克萨拉著 ; 王佳鹏译 . — 北京 : 北京联合出版公司 , 2021.11

ISBN 978-7-5596-5555-4

Ⅰ . ①如… Ⅱ . ①约… ②王… Ⅲ . ①福柯 (Foucault, Michel 1926-1984) —哲学思想—研究 Ⅳ . ① B565.59

中国版本图书馆 CIP 数据核字 (2021) 第 185732 号

北京市版权局著作权合同登记号：01-2021-4838

**如何阅读福柯**

**作　　者**：［芬］约翰娜 · 奥克萨拉

**译　　者**：王佳鹏

**出 品 人**：赵红仕

**策划机构**：明　室

**策划编辑**：赵　磊

**责任编辑**：牛炜征

**特约编辑**：孙皖豫

**装帧设计**：山川制本 @Cincel

北京联合出版公司出版
（北京市西城区德外大街 83 号楼 9 层　100088）
北京联合天畅文化传播公司发行
北京市十月印刷有限公司印刷　新华书店经销
字数 90 千字　787 毫米 ×1092 毫米　1/32　6 印张
2021 年 11 月第 1 版　2021 年 11 月第 1 次印刷
ISBN 978-7-5596-5555-4
定价：42.00 元